Claudia Nichterl

MIT HEIMISCHEN ZUTATEN!

DIE 5 Elemente KÜCHE

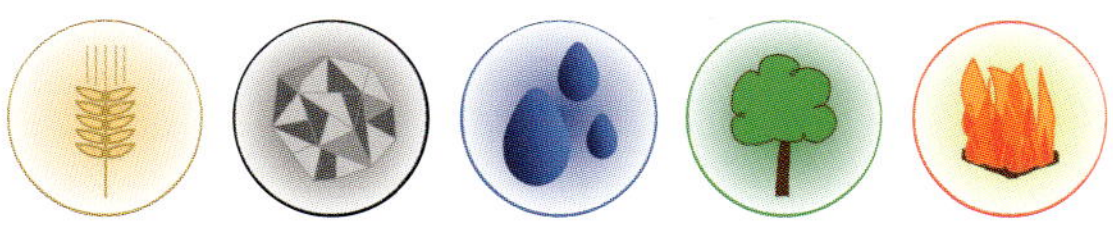

ESSEN ZUM WOHLFÜHLEN

avBUCH

Inhalt

Die Fünf-Elemente-Küchenpraxis 33

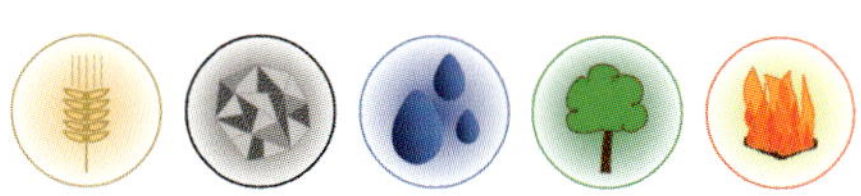

VORWORT

Meine ausgiebigen Reisen nach Asien und meine Studienaufenthalte in Mexiko ermöglichten mir eine intensive Auseinandersetzung mit anderen Ernährungsgewohnheiten. Das Interesse an traditionellen Ernährungsgewohnheiten und das bewusste Verwenden von Kräutern und Gewürzen führten mich schließlich zur Traditionellen Chinesischen Medizin.

Während meiner Zusatz-Ausbildung zur **„Ernährungsberaterin nach den Fünf Elementen"** konnte ich erstaunliche Parallelen zu meinen Forschungsergebnissen in Mexiko feststellen. In einem völlig anderen Kontext hat sich in den traditionellen Dorfgemeinschaften der Mayas ein Wissen über die thermische Wirkung der Lebensmittel – ähnlich dem Prinzip der Fünf-Elemente-Ernährung – erhalten. So werden Lebensmittel bewusst und individuell in verschiedenen Lebensphasen (z. B. Schwangerschaft, Kindheit) oder bei klimatischen Bedingungen (z. B. Wärmendes in der kalten Jahreszeit) ausgewählt. Ein Allgemeinwissen ist in der Bevölkerung vorhanden und wird auch praktiziert. Ähnliches galt auch in unserem Kulturkreis, traditionelle Rezepte unserer Großmütter erinnern noch heute daran.

Leider wird durch das Vordringen der Industrie und des modernen Lebensstils dieses Wissen stark verdrängt. (Halb-)Fertigprodukte, Tiefkühlkost und Convenience-Produkte erleichtern uns den Alltag und lassen uns mit der Hektik des Alltags Schritt halten.

Doch unser Körper und unser Allgemeinzustand haben sich meist nicht im gleichen Maß angepasst. Die Zivilisationskrankheiten sind weiter auf dem Vormarsch, Allergien und Lebensmittel-Unverträglichkeiten treten vermehrt auf.

Für mich persönlich ein klares Zeichen, dass wir unsere Lebensenergie und Lebenskraft nicht nur aus den qualitativen Eigenschaften unserer Nahrung beziehen. Ein Fertigmix mit zugesetzten Vitaminen hat auf den Körper und die Seele nicht die gleiche Wirkung wie ein hochwertiges Frischprodukt. Farbe, Geruch, Aussehen und Aroma eines LEBENSmittels sind wesentliche Eigenschaften, die uns Genuss und Wohlbefinden bescheren. Wir haben es in der Hand und können mit der Auswahl hochwertiger Lebensmittel einen wertvollen Beitrag für unsere Gesundheit leisten.

Die Fünf-Elemente-Küche gibt Ihnen Hinweise und Anleitungen dazu. Es ist ein einfaches – und nach kurzer Einführung – logisches Konzept. Einfache, schnell nachzukochende Rezepte – mit heimischen Zutaten, die überall und kostengünstig zu erstehen sind – zeigen die Umsetzung im Alltag. Dieses Buch soll Ihnen helfen, die Weichen zu stellen, für einen sowohl wohltuenden als auch genüsslichen Lebens- und Ernährungsstil. Probieren Sie es aus! Ich wünsche Ihnen dazu guten Appetit und wohl bekomm's!

Claudia Nichterl

EINLEITUNG

Lebensmittel wirken wie Heilkräuter auf Körper und Geist, nur wesentlich sanfter. Sie sind ein wunderbar einfaches Mittel, um sich täglich etwas Gutes zu tun.

Warum tun uns bestimmte Speisen gut, während sie einem anderen schwer im Magen liegen?

Ganz einfach, weil jeder Mensch eine individuelle Konstitution hat und die Wirkung der Lebensmittel unterschiedliche Auswirkungen auf das alltägliche Wohlbefinden hat. Jeder Mensch ist anders. Einer friert mehr, dem anderen ist es schnell zu warm. Ein gutes Essen sorgt durch eine ausgewogene Zusammenstellung der Lebensmittel für einen ausgeglichenen Energiefluss im Körper. Sind Störungen im energetischen Gleichgewicht vorhanden (ständige Müdigkeit, ausgeprägtes Kälteempfinden, Verdauungsstörungen), so setzt hier die passende Ernährung an. Nach den Prinzipien der Fünf-Elemente-Ernährung hat jedes Lebensmittel eine bestimmte Energetik, das heißt, eine bestimmte Temperatur – heiß, warm, neutral, erfrischend oder kalt –, einen bestimmten Geschmack – sauer, bitter, süß, scharf oder salzig – und eine bestimmte Wirkungsrichtung – nach innen, unten, oben, außen oder verteilend. Durch diesen Energiecharakter werden Lebensmittel zu Heilmitteln. Richtig eingesetzt bringen wir unseren Körper durch die Nahrung wieder in Balance. Das dahinter liegende Prinzip ist recht einfach. Wenn Ihnen kalt ist, sollten Sie mehr Erwärmendes essen. Wenn Sie Verdauungsstörungen haben, ist es wichtig, auf die Bekömmlichkeit zu achten.

Dieses Buch möchte Ihnen **Anleitungen** zu Themen geben wie:

- Welche Lebensmittel unterstützen Sie in den jeweiligen Jahreszeiten und Altersphasen?
- Wie können Sie Verdauungsprobleme, Schlafstörungen, Abwehrschwäche, Kälteempfindlichkeit, Niedergeschlagenheit und andere Beschwerden richtig deuten und was können Sie dagegen tun?
- Wieso werden Sie durch Essen schlank und nicht durch Hungern?
- Welche Speisen sind bekömmlich und erhöhen Ihr Wohlbefinden?

Nach einer kurzen Einführung in die Philosophie der Traditionellen Chinesischen Medizin bekommen Sie allgemeine Tipps und Hinweise für die Umsetzung der Fünf-Elemente-Küche. Wichtige Zutaten werden vorgestellt und ihre Wirkung wird näher beschrieben. Im zweiten Teil des Buches können Sie dann herausfinden, wie Ihr „Essen zum Wohlfühlen" aussehen kann. Durch eine Einteilung nach den häufigsten Symptomen, die in der Praxis auftreten, können Sie Ihre eigene Konstitution „entdecken".

Einfache und schmackhafte Rezepte aus regionalen und saisonalen Zutaten zeigen die praktische Umsetzung. Die Betonung liegt auf Einfachheit! Wir leben in einer Zeit, wo alles schnell gehen muss. Das tolle 6-Gänge-Menü, welches Sie zu einem besonderen Anlass für Ihre Freunde kochen – das ist hier nicht das Thema. Es geht um einfache, schnell nachzukochende Gerichte für den Alltag. Sie sollen sich mit wenig Aufwand und ohne komplizierte – schwer erhältliche – Zutaten täglich etwas Gutes tun. Das ist der Sinn der Fünf-Elemente-Küche.

Die Fünf-Elemente-Ernährung

Die Ernährung nach den Fünf Elementen ist eine zeitgemäße, ganzheitliche Ernährungslehre. Die Grundsätze beruhen auf klassischen Gesundheits- und Ernährungsprinzipien, welche bis in die antike griechische Heilkunde und die Traditionelle Chinesische Medizin zurückreichen. In Grundzügen sind sich sowohl die westliche als auch die östliche Tradition seit dem 4. Jahrhundert vor Christus (!) im Hinblick auf die Ursachen von Krankheit, die Bedeutung der Diätetik und die Prinzipien dazu – thermische Wirkung und Geschmack der Lebensmittel – sehr ähnlich.

Die Aussage *„Das, was die Gesundheit aufrecht erhält, ist die gleiche Verteilung der Qualitäten (dinamies = Kräfte) des Feuchten, des Warmen, des Trockenen, des Kalten, des Bitteren, des Süßen und der anderen. Die Vorherrschaft einer einzigen von ihnen bewirkt die Krankheiten."* wird Alkmaion, einem Schüler von Pythagoras, um 525 v. Chr. zugeschrieben. Die Fünf-Elemente-Ernährung ist also nichts Neues, Exotisches oder Esoterisches – sie ist eine „moderne" Ernährungsform. Die Anlehnung an die klassischen Prinzipien der Traditionellen Chinesischen Medizin fand deshalb statt, weil diese sehr gut dokumentiert ist. Außerdem wird die Traditionelle Chinesische Medizin bis heute angewendet und weiterentwickelt. Die vergleichsweise ähnliche Blut- und Säftelehre der europäischen Medizin ist aus unserem Denken praktisch verschwunden.

Die chinesische Ernährungslehre, bei uns als „Fünf-Elemente-Ernährung" bekannt, stellt ganz stark Genuss und Freude in den Vordergrund – sie verbietet nichts, setzt keine Dogmen, sondern zeigt einen Weg zu mehr Wohlbefinden. Die extremen Ausprägungen in unserer Kultur sind stark geprägt von den Begriffen „gesund" und „ungesund" – vieles wird mit dem Etikett „schlecht" betitelt. Entsprechende Medienberichte über Fleisch-, Hormon- und Pestizidskandale verstärken dieses Image. Beim Konsumenten führt das zu Schuldgefühlen, insbesondere wenn diese so genannten „schlechten" Dinge gegessen werden. Mit so einer Schuld beladene Lebensmittel sind dann für uns schwer verdaulich – sie liegen uns sprichwörtlich im Magen.

Die Fünf-Elemente-Ernährung geht hier andere Wege, sie spricht nicht von gesund oder ungesund, sondern vielmehr von einem Zuviel oder Zuwenig. Alles, was wir unserem Körper im Überfluss zumuten, ist ungesund. Ein großes Anliegen dieses Buches ist, dass Sie lernen, die Nahrung nicht nach Ideologien wahrzunehmen, sondern in Bezug auf Ihren eigenen Körper. Erst dann können Sie – und eigentlich nur Sie – bewerten, ob diese Ernährung für Sie gut oder schlecht ist. Das hat auch den Vorteil, dass Sie selbstbewusster gegenüber den vielen – oft sehr widersprüchlichen – Ernährungsinformationen der heutigen Zeit werden. Es ist enorm hilfreich, sich darauf zu besinnen, wie Sie Ihren Körper durch die der Nahrung innewohnenden Qualitäten stärken können, anstatt sich immer darauf zu konzentrieren, was ihrem Körper Schaden zufügt – zumindest wenn Sie all den gängigen Meinungen glauben schenken (z. B. zu viel Cholesterin ist schädlich u. Ä.).

Für ein besseres Verständnis der Fünf-Elemente-Ernährung ist eine kurze Einführung in das Denken der Traditionellen Chinesischen Medizin erforderlich. Auf den folgenden Seiten werden die wichtigsten Grundlagen kurz zusammengefasst. Die für dieses Buch herangezogene Literatur finden Sie im Anhang.

Traditionelle Chinesische Medizin – ein kurzer Überblick

Seit mehr als 3.000 Jahren bedient sich die Traditionelle Chinesische Medizin eines ganzheitlichen Ernährungssystems, um die Gesundheit des Menschen zu erhalten. Eine angemessene Ernährung im Sinne der chinesischen Medizin reflektiert die Verbundenheit des Menschen mit seiner Umwelt, den Jahreszeiten, dem Klima und mit allen Zyklen der Natur. Neben der Ernährungslehre sind sanfte Bewegungs- und Atemübungen wie Tai Qi Juan und Qi Gong, Tuina-Massage, Akupunktur und die chinesische Kräuterkunde für die Gesunderhaltung wichtig.

Qi, Yin und Yang

In der Traditionellen Chinesischen Medizin wird der energetische Zustand eines Organismus durch Begriffe wie **Qi, Yin** oder **Yang** beschrieben. **Qi** – die Lebenskraft – lässt sich am ehesten mit unserer modernen Vorstellung von **Energie** verbinden. Qi hält das Universum in Bewegung und fließt durch unseren Körper.

Die Lehre von Yin und Yang unterscheidet sich sehr grundlegend von der westlichen Medizin und Philosophie. In der westlichen Welt stehen sich immer Gegensätze gegenüber – z. B. rund und eckig, hell und dunkel, voll und leer. Diese Gegensätze schließen sich gegenseitig aus. Yin und Yang dagegen gehen immer ineinander über, Dinge können gleichzeitig Yin als auch Yang sein, sie bedingen sich gegenseitig, wandeln sich ineinander um und werden daher als sich ergänzende Eigenschaften verstanden, die in ständiger Bewegung sind. Das zeigt auch das Symbol:

Das Tao-Symbol vereint beide Eigenschaften – das Yin und das Yang

Die beiden Pole bewegen sich und jeder enthält wie eine Keimzelle immer einen kleinen Teil des anderen in sich, der sich auf dem Höhepunkt des einen zu entfalten beginnt. Diese Bewegung nennt man Qi.

Vereinfacht gesagt ist der menschliche Stoffwechsel ein enges Zusammenspiel von Yin und Yang – eine ständige Umwandlung. Unser Körper ist grundsätzlich in der Lage, bei Ungleichgewichten einen Ausgleich zu finden. Wenn wir z. B. müde sind, dann ruhen wir uns aus, schlafen und tanken neue Energie. Wenn wir durstig sind, trinken wir und verhindern dadurch, dass unser Körper austrocknet.

Ob sich Symptome von chronischem Ungleichgewicht zu Krankheit entwickeln, hängt davon ab, wie lange sie bestehen und ob sie beachtet werden oder nicht. Hier kommt die Diagnostik der Traditionellen Chinesischen Medizin zum Einsatz. Mit Zungen- und Pulsdiagnose und ausführlicher Befragung über Verdauung, Allgemeinbefinden u. v. m. sind Ungleichgewichte feststellbar, noch bevor sie sich als Krankheiten manifestieren.

Die Essenz – Jing

In der Traditionellen Chinesischen Medizin ist **Essenz – Jing** (dsching – chinesisch) die Substanz, die allem Leben zugrunde liegt. Jing hat zwei Quellen:

Das **vorgeburtliche Jing,** auch „angeborene Essenz" genannt, entsteht bei der Befruchtung aus dem Jing der Eltern und bestimmt den grundsätzlichen Aufbau und die Konstitution des Menschen. Es ist damit unwiderruflich festgelegt und nicht ersetz- bzw. regenerierbar. Vorgeburtliches Jing ist vergleichbar mit unserer genetischen Veranlagung.

Das **nachgeburtliche Jing** wird aus der täglichen Nahrung gewonnen. Ein kleiner Teil kann zusätzlich durch Atmung und Meditation gewonnen werden.

Nach Auffassung der Traditionellen Chinesischen Medizin bestimmt die Menge des vorgeburtlichen Jing die Lebensqualität und die Lebenserwartung des Menschen. Wie bereits erwähnt, ist die Substanz Jing nicht regenerierbar; sie ist sozusagen vergleichbar mit einer „inneren Energie-Uhr", die unsere individuelle Lebenszeitspanne bestimmt. Ist diese Uhr „abgelaufen", so stirbt der Mensch.

Aus dieser Sichtweise kommt die Bedeutung des schonenden Umgangs mit dem Jing, auf dessen Erhalt großer Wert gelegt wird.

Im Verlauf unseres Lebens – nachgeburtlich – können wir über die Atmung und über die tägliche Ernährung Essenz zu uns nehmen. Je besser wir uns damit versorgen, desto weniger müssen wir auf vorgeburtliches Jing zurückgreifen. Fasten ist daher – bis auf Ausnahmefälle – keine Therapieform der Traditionellen Chinesischen Medizin. Durch das Ausbleiben der Nahrungsaufnahme wird keine nachgeburtliche Essenz gebildet, der Körper ist dann vermehrt auf das vorgeburtliche Jing angewiesen. Viele Fastende und

Nüsse und Samen sind pure Jing-Nahrung

Extremsportler (auch hier wird auf das vorgeburtliche Jing zurückgegriffen) kennen ein Gefühl der Leichtigkeit und des Glücks, was darauf beruht, dass sie durch das Fasten bzw. die extreme körperliche Anstrengung auf die Essenz zurückgreifen. Von der Essenz zu leben ist mit einem Hochgefühl verbunden, welches aber eigentlich sehr trügerisch ist, weil diese dadurch aufgebraucht wird.

Der Mensch ist, was er isst!

Ein wichtiger Aspekt für das nachgeburtliche Jing ist die Nahrungsqualität. Über unsere Ernährung nehmen wir sozusagen „kosmisches Qi" zu uns und Essen bewegt etwas in unserem Körper. Nahrung, die im Einklang mit der Natur steht, ist daher sehr wichtig – symbolisch gesehen essen wir Himmel und Erde. Die Quelle unserer Nahrung ist unter diesem Aspekt von Bedeutung. Ob unsere Nahrung natürlich gewachsen oder künstlich ist, ob in der Erde oder ohne Erde, ob mit oder ohne Sonne – alles hat auf unser Qi eine Auswirkung. Biologische Lebensmittel aus der Region und der Saison entsprechend sind daher die bessere Nahrung!

Die Fünf Elemente

Die Fünf-Elemente-Ernährung orientiert sich an den Wandlungsphasen der Natur bzw. am Verlauf unseres Lebens. Ähnlich wie bei der Vier-Elemente-Lehre der Antike oder der westlichen Astrologie werden im Fünf-Elemente-System Körperorgane, Jahreszeiten, Farben, Emotionen und andere Erscheinungsformen den einzelnen Elementen – Holz, Feuer, Erde, Metall oder Wasser – zugeordnet. In der Traditionellen Chinesischen Medizin werden diesen fünf Elementen zusätzlich Geschmacksrichtungen zugeordnet, anhand derer die chinesische Ernährungslehre Aussagen darüber macht, wie die Lebensmittel auf den Körper wirken. Der Geschmack der Lebensmittel – sauer, bitter, süß, scharf und salzig – ist eine Zusatzinformation über die Wirkungsweise der zugeführten Nahrung in unserem Körper.

In der folgenden Übersicht sind die **Elemente und ihre Zuordnungen** zusammengefasst:

ELEMENT	HOLZ	FEUER	ERDE	METALL	WASSER
Geschmack	sauer	bitter	süß	scharf	salzig
Organpaar	Leber/Gallenblase	Herz/Dünndarm	Milz/Magen	Lunge/Dickdarm	Niere/Blase
Gewebe	Muskeln/Sehnen	Blutgefäße	Bindegewebe	Haut	Knochen
Sinnesorgan	Augen	Zunge	Mund	Nase	Ohren
Jahreszeit	Frühling	Sommer	Erntezeit/ Spätsommer	Herbst	Winter
Klima	Wind	Hitze	Feuchtigkeit	Trockenheit	Kälte
Gefühlsäußerung	Schreien	Lachen	Singen	Weinen	Stöhnen
Emotion	Wut	Freude	Sorgen	Trauer	Angst
Himmelsrichtung	Osten	Süden	Mitte	Westen	Norden
Farbe	blau/grün	rot	gelb	weiß/hellgrau	blau/schwarz

Die Elemente und ihre Zuordnungen

Entsprechend der Zuordnung des Geschmacks zum jeweiligen Element ergibt sich eine positive Wirkung auf das dazugehörige Organ, z. B. der saure Geschmack „wandert" zur Leber und nährt diese, der bittere Geschmack zum Herzen usw.

Ein übermäßiges Verlangen nach einer bestimmten Geschmacksrichtung kann also ein Hinweis auf eine energetische Problematik im entsprechenden Organ sein. Ein Beispiel dafür ist das Verlangen nach sauren Gurken nach einer durchzechten Nacht – sozusagen ein „Hilfeschrei" der Leber, die nach einem solchen Exzess etwas ins Ungleichgewicht geraten ist.

Bei bewusstem Einsatz des Geschmacks und der Wirkrichtung werden somit Lebensmittel zum Heilmittel:

- Der **süße Geschmack,** z. B. von Fenchel und Karotten, wirkt entspannend und nährend. Dieser Geschmack soll bei jeder Mahlzeit im Vordergrund stehen, denn genährt werden Milz und Magen, die wichtigsten Quellen für die Produktion von nachgeburtlichem Jing. Die anderen Geschmacksrichtungen sind die ergänzenden „Gewürze".

- Der **scharfe Geschmack,** z. B. von Kren, Rettich und Radieschen, zerstreut, bewegt und löst Stagnationen.

- Der **salzige Geschmack** von Lebensmitteln aus dem Wasserelement (z. B. Fisch, Meeresfrüchte, Meersalz) wirkt kühlend, aufweichend und leitet nach unten.

- Der **saure Geschmack** zieht zusammen (adstringierend) und ist bewahrend. Denken Sie beispielsweise an eine Zitrone – sie ist sauer und es zieht sich einem alles zusammen. Diese zusammenziehende Wirkung hilft, Körperflüssigkeiten zu bewahren. Lebensmittel mit saurem Geschmack (Früchtetee, Soda mit Zitronensaft) sind nicht geeignet, um Übergewicht abzubauen, weil sauer festhält. Zum Abbau von Übergewicht ist das Gegenteil – Loslassen – gefragt.

- Der **bittere Geschmack** trocknet aus, regt die Transformation an und leitet nach unten – ein Beispiel dafür ist der Kaffee.

Diese Einteilung der Lebensmittel nach ihrer Geschmacksrichtung und Auswirkung auf uns ist ein uraltes, faszinierendes Prinzip. Aber auch hier gilt: Die Dosis macht das Gift. Jede der fünf Geschmacksrichtungen wirkt in kleinen Dosierungen kurzfristig anregend, in einer Überdosis kehrt sich die Wirkung ins Gegenteil und das entsprechende Organ wird gehemmt oder gar beeinträchtigt. Man darf keinesfalls den Rückschluss ziehen, dass Probleme des Herzens NUR mit dem bitteren Geschmack behandeln zu wären – „bitter" und Herz gehören beide zum Element Feuer – oder dass man im Sommer nur Bitteres zu sich nehmen sollte. Das System so zu sehen, wäre sehr starr und es ist auch falsch. Vielmehr geht es darum, die Bewegungsrichtungen der Jahreszeiten und der Organe zu kennen und Letztere durch die Auswahl der Geschmacksrichtungen zu unterstützen oder auszugleichen, wenn ein Ungleichgewicht vorliegt. Einseitige Ernährung mit Auswirkung auf das tägliche Wohlbefinden ist oft eine Überbetonung einer Geschmacksrichtung. Alle fünf Geschmacksrichtungen, gemeinsam in der richtigen Dosierung eingesetzt, schaffen ein „rundes" und ausgewogenes Gericht und bringen so Ordnung in die Organe – Gesundheit und Wohlbefinden sind damit garantiert!

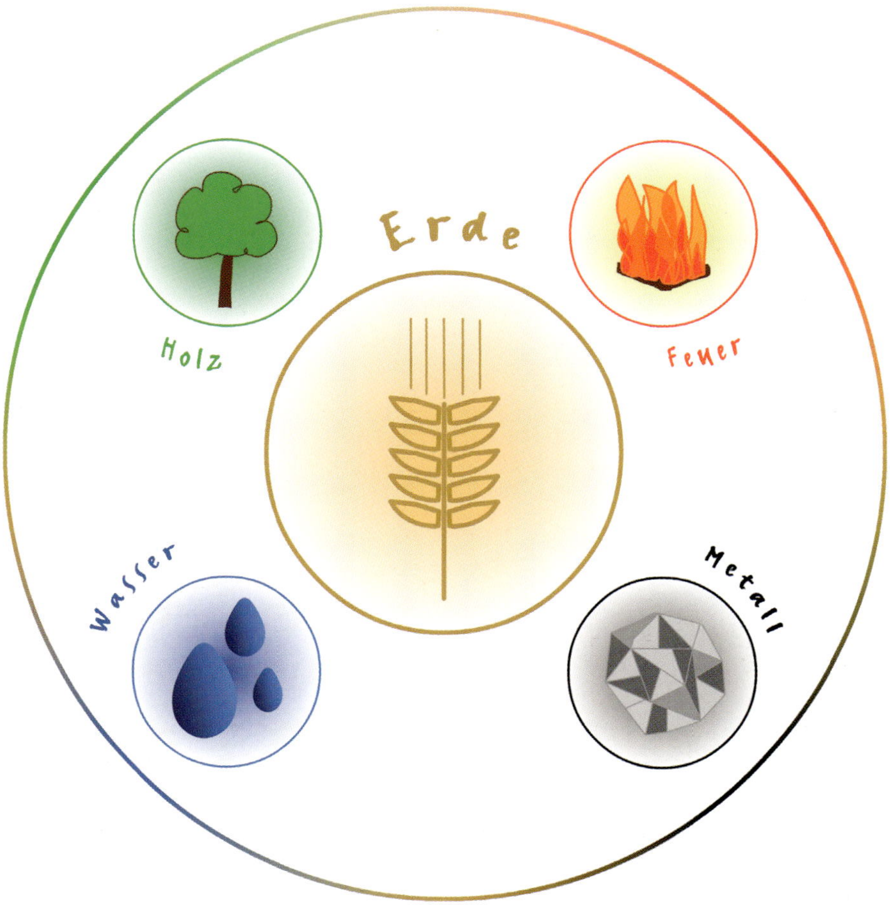

Die Vielfalt der Elemente auf dem Teller macht Ihre Speisen ausgewogen und harmonisch

Die verschiedenen thermischen Wirkrichtungen

Viele Kulturen sind sich um die thermische Wirkung von Lebensmitteln bewusst. In früheren Zeiten wurde auch in unseren Breiten dieses Wissen eingesetzt. Im Grunde müssten wir nur ein bisschen in uns hineinhören und auf die Signale unseres Körpers reagieren. So wünschen wir uns im Sommer mehr kühlende Speisen (wie erfrischende Salate), im Winter geben wir lang gekochten Suppen und Eintöpfen den Vorzug.

Gerade im Winter hat die Ernährung eine vorbeugende und die Gesundheit erhaltende Funktion, vor allem auch zum Ausgleich von klimatischen Einflüssen wie Wind, Kälte und Feuchtigkeit. Sicher haben Sie schon einmal bemerkt, dass Ihnen nach dem Genuss von Rotkraut, einem Glas Rotwein oder einem Lammragout ziemlich warm wurde. Es gibt also Lebensmittel, die in unserem Körper Wärme abgeben und uns dadurch „erwärmen".

Hier eine kurze Übersicht über die **thermische Wirkung** der Lebensmittel:

Kalte Lebensmittel
Thermisch kalte Lebensmittel sind zum Beispiel Südfrüchte, Bananen, Tomaten, Gurken und Melonen. Sie wachsen in klimatisch heißen Gebieten und helfen den dort beheimateten Menschen, die sie umgebende Hitze auszugleichen. Sie kühlen den Körper sehr stark ab und helfen, überschüssige Hitze im Körper zu beseitigen. Kalte Lebensmittel sollten daher nur in kleinen Mengen und hauptsächlich in der heißen Jahreszeit konsumiert werden. Menschen, die häufig frieren, sollten diese Lebensmittel meiden.

Erfrischende Lebensmittel
Erfrischende Lebensmittel sollten wir das ganze Jahr über zu uns nehmen. Sie helfen uns, Blut und Körpersäfte zu bilden und sie befeuchten das Gewebe und die Schleimhäute. In den kalten Wintermonaten empfiehlt es sich, diese Zutaten in gekochtem Zustand zu verwenden. In den heißen Monaten helfen uns erfrischende Lebensmittel, die durch das Schwitzen verlorenen Säfte wieder aufzubauen. Zu dieser Gruppe gehören Milchprodukte, viele Gemüsesorten, einheimische Früchte und Salate.

Neutrale Lebensmittel
Die neutralen Lebensmittel haben mengenmäßig die größte Bedeutung für unsere Ernährung, denn sie können von jedem Menschen in großen Mengen genossen werden. Dazu gehören fast alle Getreidesorten, Hülsenfrüchte, Wurzelgemüse, Pilze und Nüsse. Sie stärken das Qi und wirken ausgleichend.

Warme Lebensmittel
Diese Lebensmittel wirken leicht erwärmend und dynamisieren. Sie sollten zusammen mit neutralen Lebensmitteln vermehrt im Herbst und Winter verzehrt werden. Je kälter die Temperaturen draußen sind, desto mehr brauchen wir die wärmenden Zutaten wie z. B. fast alle frischen und getrockneten Kräuter, die meisten Gewürze, Trockenfrüchte, Lauch und Zwiebeln.

Heiße Lebensmittel
Sie sollten nur in kleinen Mengen verwendet werden, da sie sonst innere Hitze auslösen. Im Winter helfen sie, den Körper vor Kälte zu schützen. In diese Gruppe gehören Zutaten wie scharfe Gewürze, Zimt, hochprozentiger Alkohol, gegrilltes Fleisch und Lamm.

Die thermischen Eigenschaften der Lebensmittel werden gezielt nach Jahreszeit und individuellen Bedürfnissen eingesetzt. So verwenden wir im Sommer mehr erfrischende und ab und zu kalte Lebensmittel, im Winter – wenn es draußen friert und schneit – mehr die warmen und heißen Lebensmittel. Menschen, denen häufig kalt ist, werden mit kalten Lebensmitteln noch mehr frieren – daher sollten sie wärmende Speisen zu sich nehmen.

Bei guter Gesundheit sollten erwärmende, neutrale und erfrischende Lebensmittel zu etwa gleichen Teilen auf dem Speisezettel stehen. Kalte und heiße Zutaten werden in kleiner Menge als Zugabe verwendet.

	heiß	**warm**	**neutral**	**erfrischend**	**kalt**
Wirkung	vertreibt Kälte	wärmt	baut Qi auf	baut Säfte auf	vertreibt Hitze
	erhitzt	unterstützt das Qi	harmonisiert	kühlt	kühlt stark

Ideale Aufteilung der Lebensmittel hinsichtlich ihrer thermischen Wirkung in einer ausgewogenen Mahlzeit

Die thermische Wirkung aller Lebensmittel ist in der Liste im Anhang dargestellt – die Angaben beziehen sich immer auf den rohen Zustand des Lebensmittels.

Thermische Veränderung durch die Zubereitung

Der Kochvorgang verändert den thermischen Zustand eines Lebensmittels, z. B. ist aufgrund der Einteilung der Traditionellen Chinesischen Medizin eine Tomate thermisch kalt. Wird die Tomate gekocht, dann verringert sich die abkühlende Wirkung, und wenn zusätzlich erwärmende Gewürze wie Rosmarin oder Basilikum dazugegeben werden, ist die Tomate noch weniger abkühlend. Nicht nur die Wahl der Zutaten, sondern auch die Zubereitungsart hat einen Einfluss auf den energetischen Zustand von Speisen.

Die Traditionelle Chinesische Medizin unterscheidet hierbei **zwei Zubereitungsarten:**

YINisieren = erwärmende Wirkung ausgleichen, abkühlende Wirkung verstärken	**YANGisieren** = abkühlende Wirkung ausgleichen, erwärmende Wirkung unterstützen
• Blanchieren (kurz mit heißem Wasser ab-, überbrühen) • kurzes Kochen mit viel Wasser (reduziert erwärmende Wirkung) • Kochen mit erfrischenden Zutaten (wie Obst, Südfrüchten, Sprossen, Champignons, Fruchtsäften) • Einweichen	• scharfes Anbraten, Grillen, Räuchern • sanftes, langes Schmoren • Zubereitung im Backrohr • langes Kochen (Suppen) • Verwendung von heißen/warmen Gewürzen oder Kräutern • Kochen mit Alkohol • Trocknen

Regionale und saisonale Zutaten

Die Verwendung der Zutaten aus der unmittelbaren Umgebung und gemäß der jahreszeitlichen Verfügbarkeit ist ein Grundprinzip der Fünf-Elemente-Küche. Im Idealfall sollten die Zutaten aus biologischer Landwirtschaft stammen. Kontrolliert biologisch angebaute und schonend verarbeitete Pflanzenkost sowie Fleisch und andere Produkte von Tieren aus artgerechter Haltung und Fütterung enthalten Qi (= Lebenskraft). Sie werden als wesentlich nährender und bekömmlicher angesehen als Produkte aus der konventionellen Landwirtschaft.

Ein zusätzliches Argument für regionale und saisonale Kost sieht die Traditionelle Chinesische Medizin darin, dass unser Körper über ein so genanntes „Vorfahren-Qi" verfügt. Dieses Konzept einer „großmütterlichen" Instanz entscheidet, ob etwas, was wir zu uns nehmen, in unser System passt und integriert werden darf.

Für unseren Stoffwechsel bedeutet das, dass dieses „Vorfahren-Qi" darüber entscheidet, ob die entsprechenden Enzyme vorhanden sind, um körperfremde Nahrung in körpereigene Substanzen umzuwandeln. Wenn die Nahrung nicht identifiziert werden kann und somit abgelehnt wird, ist sie ein Abfallstoff, der den Organismus belastet.

Viele Lebensmittel-Unverträglichkeiten und Allergien werden aus der Sicht der Traditionellen Chinesischen Medizin mit diesem Konzept in Verbindung gebracht.

Gentechnisch veränderte Lebensmittel, neues Saatgut und veränderte Züchtungen machen es unserem Körper schwer, sich in so kurzer Zeit anzupassen – Unverträglichkeiten sind die Folge.

Fleischlos glücklicher?

Vegetarische Ernährung liegt im Trend der Zeit und immer mehr Menschen entscheiden sich für diese Ernährungsform. Die Entscheidung darüber, ob Fleisch gegessen wird oder nicht, sollte jeder für sich selbst treffen. Ethische Gründe sprechen dagegen, aber einiges spricht auch dafür. Aus Sicht der Traditionellen Chinesischen Medizin ist Fleisch ein Lebensmittel mit besonderer Wirkung und wird als „kaiserliches" Lebensmittel bezeichnet. Voraussetzung ist aber immer – sowohl bei Fleisch als auch bei Fisch – eine Herkunft aus biologischer Haltung!

Der Genuss von Speisen mit Fleisch wird als Medizin betrachtet und diese sollten zumindest in kleinen Mengen an Kaisertagen (Sonn- und Feiertagen) gegessen werden. Ebenso sollten wir eine kaiserliche Haltung den Tieren gegenüber haben, deren Fleisch wir essen. Die biologische und artgerechte Tierhaltung erfüllt diese Anforderung: In Bio-Betrieben haben Tiere genügend Platz, sie können ihrem Bewegungsdrang nachgehen und erhalten hochwertiges Futter. Im Gegensatz dazu stehen die Tierfabriken der modernen Welt – Fleisch wird schnell und als Massenware produziert –, der scheinbare Vorteil für den Konsumenten ist der niedrige Preis, aber auf Qualität wird verzichtet. Geschmack und Qualität sind mit Bio-Fleisch nicht vergleichbar. Außerdem vermeiden Sie durch die Auswahl von Bio-Fleisch Risiken wie BSE und Belastungen durch Medikamente und Wachstumshilfen.

Die meisten Fleischsorten haben ein warmes bis heißes Temperaturverhalten und eignen sich hervorragend, um Qi und Yang aufzubauen. Menschen, die sich häufig müde fühlen, denen ständig kalt ist, die unter Konzentrationsmangel leiden, können durch kleine Mengen Fleisch positive Veränderungen erreichen. Fleisch dynamisiert die Körperenergie und ist sehr gut geeignet, Energiedefizite rasch wieder aufzufüllen, z. B. bei schwerer körperlicher Arbeit und nach einer Geburt. Fleisch enthält einen hohen Anteil an tierischem Protein sowie an Vitaminen und Mineralstoffen in konzentrierter Form. Aufgrund der Zellstruktur – ähnlich unseren Körperzellen – können wir diese hochwertigen Bestandteile sehr gut verwerten. Die Traditionelle Chinesische Medizin geht sogar noch einen Schritt weiter. Neben dem Muskelfleisch spielen auch die Innereien für die Ernährung eine große Rolle. Nach dem Prinzip „Gleiches heilt Gleiches" werden z. B. bei Mangelzuständen der Nieren oder der Leber jeweils diese Innereien von Tieren für die Genesung besonders eingesetzt. Biologische Herkunft ist hier ein „Muss", herkömmliche Innereien sind meist schwer mit Antibiotika- und Medikamentenrückständen belastet.

Fische sind nach der Einteilung der Traditionellen Chinesischen Medizin von süßem (Süßwasserfische) oder salzigem (Meeresfische) Geschmack und thermisch neutral bis warm. Sie sind leicht verdaulich und stärken Qi, Blut und Yang. Meeresfrüchte sind überwiegend salzig und haben ein kühles bis kaltes Temperaturverhalten. Positiv wirken sie auf Leber und Nieren und sie nähren das Yin.

Heimische Fische wie Forelle und Karpfen werden in der Ernährungsberatung bei Qi- und Yang-Mangelzuständen (Anzeichen dafür sind Erschöpfung, kalte Hände und Füße, siehe auch Seite 55) empfohlen. Karpfen wirkt zusätzlich positiv bei Blutmangel und bei Störungen im Lungenfunktionskreis (chronischer Husten, Kurzatmigkeit). Fisch ist eine gute Alternative zu Fleisch und sollte regelmäßig gegessen werden.

Fische sind grundsätzlich leichter verdaulich als Fleisch. Besonders schwer verdaulich ist Gegrilltes und Gebackenes, Fleisch mit üppiger Sauce und Fleisch aus der Tiefkühltruhe.

Je kleiner das Fleisch ist (Geschnetzeltes, Faschiertes), desto bekömmlicher ist es. Gut kauen und einspeicheln ist wichtig!

HOLZ	Federvieh: Huhn, Ente, Gans, Truthahn, Wachtel, Taube
FEUER	Bergtiere und Grasfresser: Ziege, Steinbock, Schaf
ERDE	Huftiere: Rind, Kalb
METALL	Wildtiere: Reh, Hirsch, Hase, Wildschwein
WASSER	Fische, Meeresfrüchte

Zuordnung von Fleisch und Fisch zu den Fünf Elementen

Allgemeine Tipps

Die Traditionelle Chinesische Medizin mit ihrer jahrtausendealten Erfahrung beschreibt sehr genau, was mit der Nahrung, welche wir täglich zu uns nehmen, im Körper passiert. Sie beschreibt, wie und unter welchen Bedingungen diese Nahrung für den Körper wertvoll wird und wie die Nahrung in Lebenskraft (Qi) umgewandelt wird.

Ernährung und Lebensstil sind zu einem großen Teil für unsere Gesundheit, unsere körperliche und geistige Vitalität, aber auch für die Fähigkeit zur Entspannung und Regeneration mitverantwortlich. Hier die wichtigsten Tipps für Ihre Ernährung, damit auch Sie so richtig „aus dem Bauch heraus zufrieden sein" können.

- **Bevorzugen Sie saisonales Obst und Gemüse aus biologischer Landwirtschaft**

  Hochwertige, frische und biologische Lebensmittel liefern Vitalität und Energie für Ihr Wohlbefinden und Ihre Gesundheit. Lebensmittel, die auf mineralhaltigen Böden und bei natürlicher Sonneneinstrahlung wachsen und reifen können, enthalten alle wichtigen Vitamine und Nährstoffe und versorgen Sie optimal.

- **Bevorzugen Sie Fleisch(produkte) und Fisch aus biologischer Tierhaltung**

  Fleisch von Weidetieren, die natürliches Futter (u. a. Wiesen- und Heilkräuter) erhalten, ist nicht nur schmackhafter, sondern auch bekömmlicher. Medienberichte über unerwünschte Antibiotika-Rückstände und sonstige Gefährdungen tun ihr Übriges, um biologischer Tierhaltung den Vorzug zu geben. Das Gleiche gilt übrigens auch für Eier und Wurstwaren!

- **Kochen hilft der Verdauung**

Bei vielen Menschen führt ein Zuviel an roher Nahrung zu Verdauungsstörungen – Blähungen, Völlegefühl und Müdigkeit sind die Folge. Eine vermehrte Zufuhr gekochter Nahrung kann hier Abhilfe schaffen. Kochen nimmt dem Verdauungsapparat viel Arbeit ab. Erhitzte bzw. gekochte Speisen werden besser vertragen und erhöhen das Wohlbefinden. Ihre Mahlzeiten sollten zumindest warm beginnen oder enden, z. B. mit einer Suppe. Ein gekochtes und warmes Frühstück gibt Ihnen bereits am Morgen den Kick für den restlichen Tag.

- **Vermeiden Sie Tiefkühlkost und Mikrowellengeräte**

Der Verzehr von Tiefkühlkost – insbesondere Fleisch- und Fischprodukte – führt bei empfindlichen Menschen zu Verdauungsbeschwerden. Durch das Tiefkühlen und

Auftauen wird die Zellstruktur geringfügig verändert und erschwert so die Verdauungsarbeit. Ähnliches gilt für Lebensmittel, die in der Mikrowelle zubereitet werden. Mikrowellen-Fertiggerichte sind zusätzlich meistens mit Zusatzstoffen und Geschmacksverstärkern versehen. In Anlehnung an die thermische Wirkung von Lebensmitteln wird in Tiefkühlnahrung die Information „kalt" gespeichert. Bei Menschen mit einer ausgeprägten Kältesymptomatik verstärkt sich die Kälte im Körper durch den häufigen Genuss von Tiefkühlprodukten.

- **Vermeiden Sie Lebensmittel mit Zusatzstoffen, Konservierungsstoffen u. Ä.**

Zusatzstoffe wie Geschmacksverstärker, Farbstoffe, künstliche Aromen, naturidente Aromen und Konservierungsmittel sind leider heutzutage kaum mehr zu vermeiden. Es bedarf eines großen Wissens für jeden Einzelnen, um in der Fülle der Zusatzstoffe den Überblick zu behalten und Risiken zu vermeiden. Die Wechselwirkungen der vielen verschiedenen Stoffe sind weitgehend unerforscht. Erinnern Sie sich an das Konzept der „großmütterlichen" Instanz (siehe Seite 23). Substanzen und Zutaten, die „neu" für unseren Körper sind, werden möglicherweise nicht gut vertragen und führen zu Störungen (z. B. Allergien). Insbesondere phosphat- und schwefelsäurehaltige Produkte (Käse, Wurst, Limonaden) behindern die Aufnahme von wertvollen Mineralstoffen und erhöhen die Risiken für Zahnprobleme und Osteoporose. Mit einer Auswahl von frischen und naturbelassenen Lebensmitteln können Sie diesen Konflikt vermeiden. Achten Sie auf die Herstellerangaben und bevorzugen Sie Produkte ohne Zusatzstoffe.

- **Bewusstes Trinken**

Achten Sie auf eine ausreichende Flüssigkeitszufuhr mit ungesüßten Kräuter- und Früchtetees (Sorten regelmäßig wechseln!), Obstsaft mit Leitungswasser verdünnt u. Ä. Mineralwasser ist für viele Menschen aufgrund der Kohlensäure und eines möglichen zu hohen Mineraliengehaltes (z. B. Natrium) belastend. Leitungswasser ist in den meisten Regionen die bessere – und kostengünstigere – Alternative. Sollte Ihr Leitungswasser durch Nitrat und/oder andere Umweltgifte belastet sein, weichen Sie auf kohlensäurearmes oder stilles Mineralwasser aus. Gönnen Sie sich hin und wieder zum Essen ein gutes Glas Wein anstatt Limonaden und Cola-Getränke. Vermeiden Sie eisgekühlte Getränke und große Mengen kalter Getränke während des Essens. Ein ideales Getränk ist heißes Wasser – probieren Sie es einmal aus!

- **Bewusster Umgang mit Genussmitteln wie Kaffee, Schwarztee u. Ä.**

  Zu viel Kaffee bzw. Schwarztee kann mit eine Ursache für Beschwerden wie Verstopfung und Migräne sein. Versuchen Sie den Konsum auf 1 bis 2 Tassen pro Tag zu beschränken – am besten nach dem Essen.

- **Zucker und Süßmittel**

  Natürliche Zuckerquellen wie Vollrohrzucker, Honig, Ursüße, Gersten- oder Reismalz, Birnendicksaft, Agavendicksaft oder Ahornsirup stellen die Alternative zu raffiniertem weißem Zucker bzw. Süßstoff dar.

- **Gewürze**

  Unzählige köstliche Gewürze warten darauf, von Ihnen ausprobiert und verwendet zu werden. Sie machen Speisen nicht nur aromatisch, sie helfen auch bei der Verdauung – und die Speisen werden optisch aufgewertet. Versuchen Sie einmal frisches Koriandergrün, Kardamom, Majoran, Ysop, Bockshornkleesamen, Liebstöckel, frische Minze u. v. m. – das Angebot ist beinahe unbegrenzt.

- **Regelmäßige Essenszeiten**

  Die Einhaltung regelmäßiger Essenszeiten ist wichtig und hilft Ihrer Verdauung. Bei drei ausreichenden und nährenden Mahlzeiten am Tag verschwinden normalerweise Gelüste auf Süßes und Heißhunger-Attacken. Ein regelmäßiger Ess-Rhythmus wird sich leichter einstellen und fördert Ihr Wohlbefinden.

- **Zur richtigen Zeit essen**

  In der Traditionellen Chinesischen Medizin gilt das bei uns bekannte Sprichwort: *„Iss morgens wie ein Kaiser, zu Mittag wie ein Edelmann und abends wie ein Bettelmann."* Erklärt wird dieser Grundsatz mit der so genannten Organuhr: Jedes Organ hat eine Zeit von zwei Stunden täglich, während der es energetisch besonders gut versorgt ist und daher seine Funktionen besonders gut erfüllen kann. In den Vormittagsstunden sind die Verdauungsorgane (Dickdarm, Magen und Milz) am besten versorgt und eine nährende, sättigende Mahlzeit ist daher sinnvoll.

- **Einfaches Essen schmeckt wunderbar!**

  Entdecken Sie, wie köstlich einfache Speisen schmecken können. Es braucht nicht unzählige Zutaten, um ein Gericht interessant und wohlschmeckend zu machen. Oft sind es ganz wenige – allerdings qualitativ hochwertige – Zutaten, die das beste Geschmackserlebnis verursachen. Erinnern Sie sich an einfache Speisen, die Sie immer wieder gerne essen – vielleicht Kartoffelpüree mit Butter?

- **Essen Sie ohne Schuldgefühle**

  Ein Essen, welches Sie mit schlechtem Gewissen zu sich nehmen, wird Ihnen garantiert „im Magen liegen". Essen Sie mit Freude und Genuss – lassen Sie sich Ihr Essen nicht „mies machen". Wenn Ihre neuen Ess-Gewohnheiten die Umwelt irritieren, hören Sie auf sich und Ihren Bauch. Denken Sie daran, dass Sie sich wohl fühlen müssen und tun Sie weiterhin, was Sie für richtig halten.

- **Nur das Beste ist für Sie gut genug!**

  Denken Sie darüber nach, was es bedeutet, sich selbst und anderen Essen zuzubereiten. Nahrung, das sind Substanzen, die Teil eines lebenden Körpers werden. Sie verdienen das Beste und die Menschen, die Sie lieben, ebenfalls! Drücken Sie durch die Wahl Ihrer Speisen aus, wer Sie sind: ein schönes, gesundes, mitfühlendes, intelligentes, menschliches Wesen. Greifen Sie daher zu Lebensmitteln, die schön aussehen, gut duften und vor allem gut schmecken.

Ungünstige Ernährungsgewohnheiten vermeiden

In der Fünf-Elemente-Ernährung gibt es keine Verbote. Verbote machen nur schlechtes Gewissen und das wollen wir vermeiden. Wenn Sie sich erinnern, war ganz am Anfang vom „Übermaß" die Rede. Kleinere Abweichungen sind normal und kommen vor. Ihre Ernährungsform sollte flexibel und in den Alltag integrierbar sein. Machen Sie sich nicht zum „Sonderling", weil Sie alles „ganz richtig" machen wollen. Wichtig ist, dass Sie gegensteuern können, wenn Ihr Wohlbefinden nicht so ist, wie Sie es sich erwarten. Dazu können folgende Punkte hilfreich sein.

- **Übermaß an Rohkost und Südfrüchten**

  Große Mengen Rohkost und Südfrüchte sind energetisch gesehen kühlend für uns. Besonders in den Wintermonaten führt ein übermäßiger Konsum davon bei vielen Menschen zu Verdauungsstörungen und Kältegefühlen. Kurzes Dünsten oder Obst als Kompott ist dann die bessere Alternative.

- **Eisgekühlte Getränke**

  Der Genuss von eisgekühlten Getränken, insbesondere von Getränken mit Eiswürfeln, schwächt die „Mitte" und blockiert den Qi-Fluss von Magen und Milz. Wenn Sie zu Kältegefühlen neigen, sollten Sie ganz auf kalte Getränke verzichten – bevorzugen Sie stattdessen eine heiße Suppe, Tee oder lauwarmes (noch besser: heißes) Wasser.

- **Übermaß an Milchprodukten**

  Ebenso wie große Mengen Rohkost und kalte Nahrung können große Mengen Milchprodukte, vor allem reine Milchmahlzeiten (z. B. 1/2 l Buttermilch, Molkegetränke u. Ä.), bei empfindlichen Menschen zu Verdauungsstörungen führen. Durch die energetisch kühlende Wirkung wird der Funktionskreis Milz/Pankreas geschwächt und es kommt zu Feuchtigkeit und Schleim im Körper, was sich oftmals in Übergewicht äußert (siehe auch Seite 112).

- **Anstrengende Gespräche während des Essens**

  Diskussionen und schwierige Gespräche während der Mahlzeiten können zu Nahrungsstagnation und Blockaden führen – die Speisen werden dadurch unbekömmlich bzw. werden schlecht vertragen. Vermeiden Sie Gespräche über Schulnoten mit Ihren Kindern während des Essens.

- **Zu öliges, fettiges Essen – Übermaß an Zucker, Süßmitteln und Fleisch**

  Sehr ölige, fette, zu süße Speisen und ein Übermaß an Fleisch blockieren den Qi-Fluss. Dadurch kommt es zu Hitze, Schleim und Feuchtigkeit im Körper, Übergewicht wird dadurch begünstigt (siehe Hinweise Seite 110).

- **Sehr spätes und üppiges Essen**

  Üppiges Essen am Abend – insbesondere Fleischmahlzeiten – blockiert den Qi-Fluss und führt zu Nahrungsstagnation. Der Funktionskreis von Milz/Pankreas ist dadurch überfordert, es kommt zur Bildung von Feuchtigkeit und Schleim, was wiederum Übergewicht fördert.

Die Fünf-Elemente-Küchenpraxis

Das „Kochen nach den Fünf Elementen" hat seine eigenen Prinzipien. Allerdings muss man dazu sagen, dass diese Regeln vorwiegend bei uns im Westen aufgestellt wurden, um das Konzept dieser Ernährungslehre lehr- und lernbar zu machen. Wenn Sie Asiaten darauf ansprechen, werden diese nicht wirklich etwas mit den Begriffen anzufangen wissen – ABER die asiatische Kochkunst beruht auf diesen Leitsätzen. Wenn wir unsere traditionellen Speisen genauer betrachten, so finden wir ähnliche Richtlinien wie z. B. eine Prise Salz für den Kuchenteig – das hebt den Geschmack und macht den Kuchen bekömmlicher.

Kochen im Zyklus

Für manche ist es etwas Magisches, für andere ist es kompliziert und umständlich – das so genannte „Kochen im Kreis" bzw. „Kochen im Fütterungszyklus". Basis des „Im-Kreis-Kochens" ist die Fünf-Elemente-Lehre. Wenn wir uns die kreisförmige Anordnung der Elemente oder Wandlungsphasen ansehen, dann spiegelt sich darin der immer wiederkehrende Ablauf unserer verschiedenen Lebensphasen – von Geburt, Wachstum und Reife bis zum Tod – bzw. auch der Verlauf der Jahreszeiten wider. Jede Phase bringt eine andere hervor und man spricht deshalb auch von einem Mutter-Kind-Verhältnis zwischen zwei aufeinander folgenden Elementen: Holz ist der Brennstoff für Feuer, Feuer bringt Erde (Asche) hervor, Erde enthält Metall (Erze), Metall kondensiert Wasser und Wasser ist nötig, um Holz (Pflanzen) wachsen zu lassen. Durch diesen Hervorbringungs- oder Fütterungszyklus wird ausgedrückt, dass die einzelnen Elemente einander stärken, so wie die Mutter ihr Kind füttert.

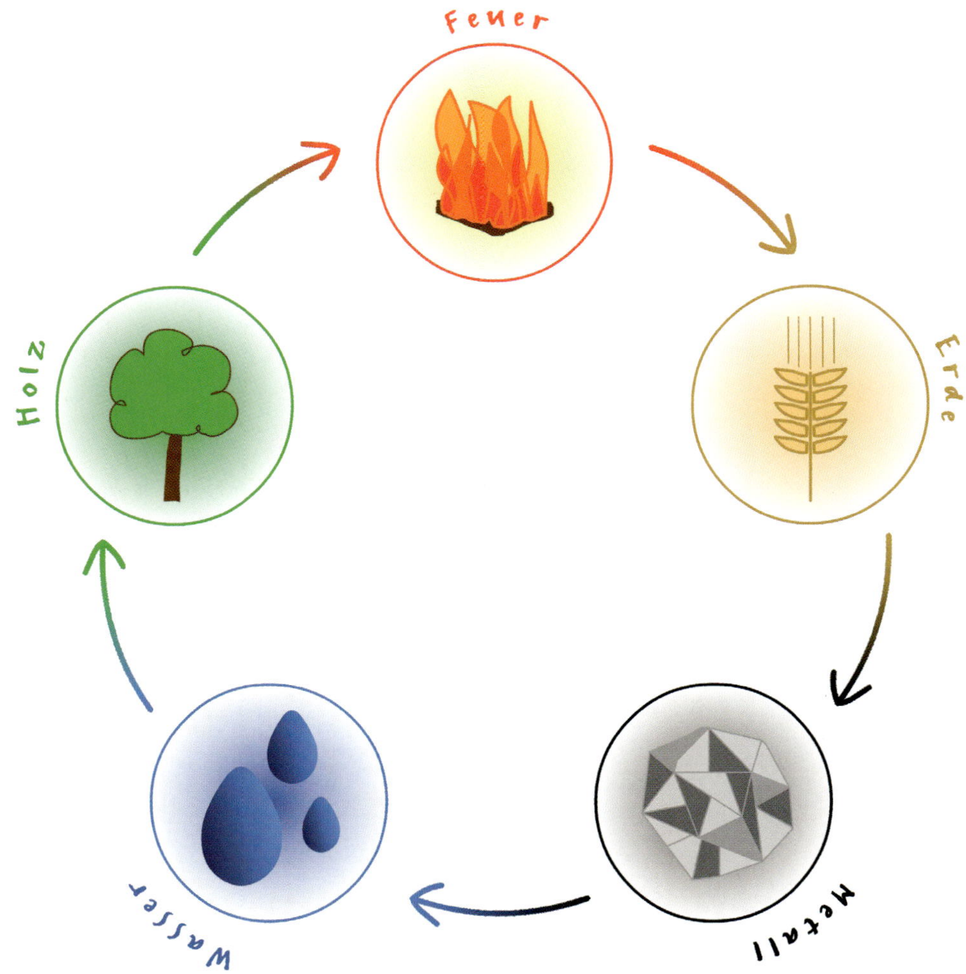

Der Fünf-Elemente-Zyklus

Im Zyklus kochen bedeutet, Speisen so zuzubereiten, dass die einzelnen Zutaten in der Reihenfolge der Elemente zugegeben werden. So wird meist für Suppen zuerst das Wasser erhitzt (Feuer), dann werden die Gemüse zugegeben (z. B. Kartoffeln, Karotten aus dem Erdelement), in der weiteren Reihenfolge die Gewürze (z. B. Pfeffer aus dem Metallelement, Salz aus dem Wasserelement) und dann die Kräuter (z. B. Petersilie aus dem Holzelement).

Wie eingangs schon erwähnt, ist das Kochen im Zyklus ein interessanter Aspekt der chinesischen Ernährungslehre – ohne dort wirklich schriftliche Aufzeichnungen und Regeln dafür zu finden. In der westlichen Literatur gibt es unterschiedliche Interpretationen und Ansichten, was dabei zu beachten ist. Wenn Sie Lust haben, probieren Sie es aus und achten auf die Reihenfolge, aber machen Sie sich keinen Stress mit dem Kochen „im Kreis". Kochen soll Freude machen, Entspannung bringen und zum Experimentieren anregen.

Das Kochen im Kreis sollte nicht dafür benutzt werden, dass ungesunde Kombinationen von Zutaten einen „gesunden Stempel" aufgedrückt bekommen. Essen wird nicht gesünder, nur weil es „im Zyklus" zubereitet ist – vielmehr beruht die positive Wirkung der Fünf-Elemente-Küche auf einer richtigen Kombination von qualitativ hochwertigen Zutaten und dem Wissen um die Thermik und Geschmacksrichtung einzelner Lebensmittel.

In den nachfolgenden Rezepten sind die Informationen zur Zugehörigkeit der Zutaten zu den Elementen mit folgenden Symbolen angegeben – ohne immer genau auf die Reihenfolge zu achten.

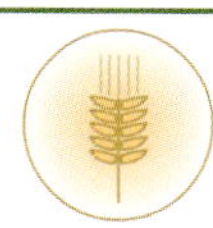	**ERDE**
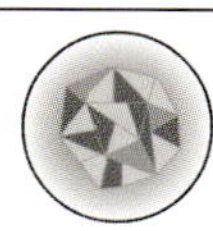	**METALL**
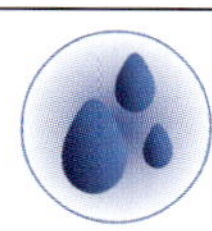	**WASSER**
	**HOLZ**
	**FEUER**

Die Symbole und ihre Zuordnung zu den Elementen

Allgemeine Hinweise zu den Rezepten

Dieses Buch möchte Ihnen die Fünf-Elemente-Ernährung und die Aspekte der Traditionellen Chinesischen Medizin näher bringen. Gleichzeitig soll das Vorurteil ausgeräumt werden, dass diese Ernährungsform nur für experimentierfreudige Exoten geeignet ist. Der erste Grundsatz lautet: Verwenden Sie saisonale und regionale Zutaten! Das, was die Natur und die Umgebung in der jeweiligen Jahreszeit für uns bereithält, ist normalerweise auch genau das, was unserem Körper gut tut.

„Exotische" Zutaten

Nichtsdestotrotz beinhalten die Rezepte Zutaten, die – streng gesehen – nicht wirklich heimisch bei uns sind, wie z. B. Zimt, Nelke und Vanille. Historisch gesehen verwenden wir diese Zutaten aber bereits seit vielen Jahren. Sie sind auch aus unseren Küchen kaum mehr wegzudenken. Aufgrund ihrer positiven Wirkung auf unseren Körper sind Kräuter und Gewürze ein wichtiger Bestandteil der Fünf-Elemente-Ernährung. Im Folgenden werden einige der „exotischen" Zutaten dargestellt und ihre Bedeutung bzw. Wirkung auf unseren Körper wird kurz erklärt.

Bockshornklee

Bockshornklee, eine fast vergessene Heilpflanze, wird in der heimischen Küche leider kaum mehr verwendet. Schon Hildegard von Bingen nutzte die positiven Eigenschaften von Bockshornklee. Die Samen des Bockshornklees haben einen angenehm würzig scharfen Geschmack und eignen sich sehr gut zum Ziehen von Sprossen. Außerdem können Sie Bockshornkleesamen zum Würzen von Hülsenfrüchten, Suppen, Fleisch, Fisch und Gemüsespeisen verwenden. Bockshornklee senkt den Blutzuckerspiegel sowie den Blutdruck und hilft bei Magen- und Verdauungsbeschwerden. In der Naturheilkunde werden Kompressen mit Bockshornklee bei Gelenksentzündungen und Sportverletzungen eingesetzt.

Curcuma

Curcuma (auch Kurkuma oder Gelbwurzel) ist eine Wurzel, ähnlich dem Ingwer. Bei uns ist Curcuma als getrocknetes Pulver von leuchtend gelber Farbe erhältlich. Auf gut sortierten Märkten gibt es auch frische Curcuma-Wurzeln zu kaufen. Der Geschmack ist leicht pfeffrig mit einem bitteren Nachgeschmack. In Asien verwendet man Curcuma bei Leberbeschwerden und Magengeschwüren, ihre Wirkung ist verdauungsfördernd.

Gewürznelke

Die Bezeichnung stammt von dem mittelhochdeutschen Wort *„negellin"*, das Nägelchen bedeutet und das Aussehen der Gewürznelke treffend beschreibt. Die Gewürznelke kam bereits vor langer Zeit zu uns. Hildegard von Bingen bezieht sich in ihren Schriften auf die Heilwirkung der Gewürznelken als erwärmendes, blähungstreibendes und desinfizierendes Gewürz und setzte sie bei Gicht, Kopfschmerzen und Wassersucht ein. Die Wirkung in den Speisen ist besonders durchblutungsfördernd für die Darmschleimhaut und dadurch stoffwechselanregend und entkrampfend. Bekannt ist auch, dass Nelkenöl Zahnschmerzen lindert.

Ingwer

Frischer Ingwer ist bei uns als Wurzel – heutzutage schon in den meisten Supermärkten – erhältlich. Die Zugabe einer kleinen Menge von frischem Ingwer (fein gerieben oder klein geschnitten) empfiehlt sich für fast jedes Gericht. Sowohl süße als auch pikante Speisen werden durch Ingwer geschmacklich mit einer angenehmen Schärfe abgerundet.

Fleischspeisen werden durch Ingwer bekömmlicher, weil die Sekretion der Verdauungssäfte angeregt wird. Ingwer ist reich an ätherischen Ölen, Bitterstoffen und Aminosäuren und wird deshalb als „Anticholesterin"-Wirkstoff bezeichnet. Aus Sicht der Traditionellen Chinesischen Medizin vertreibt Ingwer Kälte und Wind aus dem Körper, d. h., Ingwer wirkt sehr gut bei Erkältungskrankheiten – allerdings nur, wenn Wind-Kälte (im Gegensatz zu Wind-Hitze) die Ursache dafür ist. Symptome für Wind-Kälte sind Frösteln, starke Abneigung gegen Kälte, kein oder wenig Fieber, Gliederschmerzen, kein Durst. Die scharfe und warme Natur des Ingwers vertreibt diese Wind-Kälte sehr gut. Empfehlenswert ist ein Tee aus frischem Ingwer, sich gut einzupacken und zu schwitzen – so kann im Idealfall der Verlauf der Erkältung gestoppt werden.

Ingwertee
Ein daumengroßes Stück Ingwer in Scheiben schneiden und in 1 Liter Wasser 10 bis 15 Minuten zugedeckt kochen. Diesen Tee so heiß wie möglich trinken, bis ein leichtes Schwitzen eintritt.

Kardamom

Nach Safran und Vanille ist Kardamom das teuerste Gewürz. Der kräftige, warme Duft der Kardamomsamen ist unverkennbar. Sie haben ein leicht zitronenartiges Aroma, das an Eukalyptus erinnert. Kardamom regt den Stoffwechsel an, ist krampflösend, verdauungsfördernd, steigert die Gedächtnisleistung und hellt insgesamt die Stimmung auf. Bei Völlegefühl und Unwohlsein empfiehlt sich das Kauen einiger Kardamomsamen. Wirklich gute Qualität hat Kardamom, wenn die in den grünen Hülsen enthaltenen Samen schwarz sind. Diese Samen werden in der Küche entweder ganz, gemörsert oder gemahlen verwendet und passen sowohl zu süßen als auch zu pikanten Speisen.

Kaffee – durch Kardamom bekömmlicher
Kaffee (oder auch Schwarztee) wird durch die Zugabe von Gewürzen bekömmlicher und ist nicht so magenreizend: Pro Person 2 TL gemahlenen Kaffee, einige Kardamomsamen, 1 kleines Stück Zimtstange und 1 Gewürznelke in 1/4 Liter Wasser aufkochen und 3 bis 5 Minuten auf kleiner Flamme zugedeckt kochen lassen.

Koriander

Bis vor kurzem fand man in unseren Küchen Koriander nur in Form der Samen, welche zerstoßen oder gemahlen zum Würzen von Fleischspeisen verwendet wurden. Als Brotgewürz waren Koriandersamen im ländlichen Raum schon immer weit verbreitet. Inzwischen haben viele den aromatischen Geschmack von frischem grünem Koriander (sieht fast so aus wie Petersilie) kennen und lieben gelernt. Koriander wird in der asiatischen Küche verschwenderisch eingesetzt und ist inzwischen auch auf unseren Märkten zu finden. Sowohl die Koriandersamen als auch die grünen Blätter fördern die Verdauung und vermeiden Blähungen und Krämpfe.

Lorbeerblatt

Die Blätter des Lorbeerbaumes dienen seit Jahrtausenden dazu, Persönlichkeiten auszuzeichnen und besondere Verdienste zu belohnen. Das Wissen um ihre Heilwirkung ist allerdings fast gänzlich verschwunden. Lorbeer hat blutstillende, harntreibende und verdauungsfördernde Eigenschaften und wird bei Kopfschmerzen, Blähungen, Verdauungsschwäche, Fieber, Gelenkschmerzen und Diabetes erfolgreich eingesetzt.

Muskatnuss

Botanisch gesehen ist die Muskatnuss keine Nuss, sondern der Kern einer pfirsichartigen Frucht. Die Muskatnuss kam im 11. Jahrhundert nach Europa und eroberte aufgrund ihres angenehmen Geschmacks sehr rasch die heimischen Küchen. Gemahlene Muskatnuss verliert rasch ihr Aroma und ihre Wirksamkeit, deshalb sollte die Muskatnuss immer im Ganzen aufbewahrt und bei Bedarf frisch gerieben werden. Muskatnuss fördert die Durchblutung, ist blutstillend, stimulierend und aphrodisierend. Aber Vorsicht: In hohen Dosen – mehrere Nüsse auf einmal – kann Muskatnuss tödlich sein!

Sesam

Sesamsamen und Sesamöl werden bereits seit langem weltweit zum Kochen verwendet. Bei uns sind geschälte und ungeschälte Sesamsamen im Handel, letztere gibt es als schwarze und gelbbraune Sorte. Oftmals wird schwarzer Sesam als die ungeschälte Variante des gelbbraunen bezeichnet, was aber nicht richtig ist. Tahin – eine hellbraune Paste aus zerriebenen Sesamsamen – ist eine praktische Ergänzung in der Küche. Die Paste hat einen neutralen Geschmack (ist also weder süß noch sauer) und kann für Salatsaucen oder als Zutat bei Süßspeisen verwendet werden. Der besonders hohe Kalzium-Gehalt macht Sesam so wertvoll. Verwenden Sie am besten täglich eine kleine Menge Sesam als Zutat.

Neben Sonnenblumen- und Kürbiskernen sind heller und dunkler Sesam eine äußerst wertvolle Nahrung

Sternanis und Anis

Obwohl sich Sternanis und Anissamen stark im Aussehen unterscheiden, haben sie doch ein sehr ähnlich ausgeprägtes Aroma, das an Lakritze erinnert. Das starke Aroma wirkt schleimlösend und von innen erwärmend.

Vanille

Vanille ist die Kapselfrucht einer kletternden Orchidee aus den Tropen. Die Trocknung ist sehr aufwändig und trägt zum hohen Preis des Gewürzes bei. Echte Vanille hat einen intensiven Duft und ihr exotisches, warmes Aroma ist unvergleichlich. Die Wirkung ist anregend und harmonisierend.

Zimt

Zimtrinde gehört wie Ingwer zu der Gruppe von Heilpflanzen, die das Innere erwärmen. Außerdem fördert Zimt die Verdauung und lindert Blähungen. In der Schwangerschaft sollte Zimt nur sehr vorsichtig verwendet werden.

Zitrone

Das Wissen um die Heilkraft der Zitrone ist mit den Kreuzzügen nach Europa gekommen. In der Volksheilkunde wurden Abkochungen von Zitronenschalen zur Wundreinigung verwendet. In der Küche hat die Zitrone ihren fixen Platz erobert – sowohl als Saft oder geriebene Schale. Die ätherischen Öle der Schale regen die Magensekretion an. Es ist aber unbedingt darauf zu achten, dass ungespritzte, unbehandelte Zitronen verwendet werden.

Gewürze und Kräuter – als Tee eine Wohltat für den Körper

Fast jedes Gewürz oder Kraut ist als Tee zum Genuss geeignet.

Für eine therapeutische Wirkung nimmt man 1 TL des getrockneten Gewürzes (z. B. Thymian, Oregano, Basilikum, Kümmel, Salbei, Wacholder, Anis, Fenchel, Gewürznelken) auf 1/2 Liter Wasser.

Der Tee wird aufgekocht und bei Kräutern gilt: 5 Minuten zugedeckt ziehen lassen.

Bei Gewürzen aus Samen, wie z. B. Wacholder oder Kümmel, empfiehlt es sich, diese 5 bis 10 Minuten zugedeckt kochen zu lassen, damit die Wirkstoffe aus der harten Schale gelöst werden. Wenn Samen mit dem Mörser kurz zerstoßen werden, genügt auch hier ein kurzes Überbrühen.

GRUNDSÄTZLICH GILT: Tees aus Kräutern und Gewürzen nie länger als 3 Tage hintereinander trinken, sondern regelmäßig wechseln! Die Tees haben alle unterschiedliche Wirkungen und so wird der Körper durch immer wieder neue Reize stimuliert.

Salz

Salz ist ein wichtiger Mineralstofflieferant und eines der wichtigsten Gewürze in der Küche. Die Salzvorkommen in unseren Bergen sind Kristallsalze, die sich nach dem Rückzug des Meerwassers im Gestein gebildet haben. Dieses Salz ist jahrtausendealt und wird bis heute abgebaut und verarbeitet. Ursprünglich hat dieses Salz alle Mineralstoffe und Spurenelemente, die der Körper braucht, in sich vereint. Durch die industrielle Verarbeitung – das Salz wird gereinigt, konzentriert und rieselfähig gemacht – bleibt ein isoliertes Produkt, Natriumchlorid, übrig. Neueste Untersuchungen weisen darauf hin, dass dieses Salz – aufgrund der fehlenden ursprünglichen Zusatzelemente – aggressive Reaktionen im Körper verursacht. Außerdem nehmen wir sehr große Mengen „versteckte Salze" zu uns, weil den meisten Halbfertig- und Fertigprodukten Salz zur Haltbarmachung zugesetzt wird. Salz ist wichtig und gesund, aber auf die Qualität sollten Sie achten. Als Alternativen zum Industriesalz bieten sich Steinsalz, Kristallsalz und Meersalz an.

Quinoa

Das Ursprungsland von Quinoa – ein Pseudogetreide – ist Peru. Die stärkehaltigen, rotbraunen, gelben oder weißen Samen der Quinoapflanze erinnern an Hirsesamen. Sie waren für die Inkas ein Hauptnahrungsmittel und galten als gesundheitsfördernde „Quelle des Lebens".

Tatsächlich hat Quinoa weitaus höhere Nährstoffwerte als Getreide. Mit 13 bis 22 % Eiweißanteil gehört Quinoa zu den proteinreichsten Gemüsesorten. Ihre Aminosäurenzusammensetzung ist perfekt ausgewogen. Eine einseitige Ernährung mit Quinoa würde den menschlichen Körper mit allen essentiellen (lebensnotwendigen) Aminosäuren versorgen. Einzigartig ist der hohe Lysingehalt, der in anderen Pflanzen nicht oder nur unzureichend in minimalsten Mengen vorkommt.

Verarbeitet wird Quinoa wie Reis. Quinoa ist eine gesunde Abwechslung und eignet sich sowohl als Beilage, für Aufläufe und Suppen als auch für Süßspeisen.

Reis

Reis stellt heute für die Hälfte der Weltbevölkerung das Grundnahrungsmittel dar. Er wird seit Jahrtausenden in Asien kultiviert. In den nachfolgenden Rezepten wird vorwiegend geschälter Reis verwendet. Die Fünf-Elemente-Küche legt Wert auf die Bekömmlichkeit. Vollkornreis ist für die meisten Menschen sehr schwer verdaulich – auch, weil er oft falsch zubereitet bzw. zu wenig lang gekocht wird. Vollkornreis sollte vor dem Kochen entweder 12 Stunden in Wasser eingeweicht oder über einen längeren Zeitraum (2 bis 3 Stunden mit der zehnfachen Menge an Wasser) gekocht werden. Letzteres ist die in Asien berühmte Reissuppe (Congee).

Adukibohnen (auch: Azukibohnen)

Adukibohnen kommen ursprünglich aus Japan, werden aber inzwischen in biologischem Anbau in Italien kultiviert. Aufgrund ihrer wertvollen Eigenschaften werden Adukibohnen vielfach in der Ernährungstherapie nach der Traditionellen Chinesischen Medizin eingesetzt. Adukibohnen können sowohl für pikante Gerichte als auch für Süßspeisen verwendet werden.

Fette und Öle

Fette und Öle sind zur Erhaltung unserer Gesundheit unabdingbar und aus der Küche nicht wegzudenken. Wir unterscheiden tierische (z. B. Butter) und pflanzliche Fette (diverse Öle, wie z. B. Olivenöl, Leinöl, Kürbiskernöl). Butter – idealerweise Bio-Butter – ist in Maßen genossen ein gesundes, vitales Lebensmittel und jeglicher Margarine vorzuziehen. Es klingt paradox, doch viele Zivilisationskrankheiten entstehen aus einem Mangel an hochwertigem Fett. Deshalb ist es wichtig, auf Qualität zu achten, besonders hochwertig sind kaltgepresste Öle. Diese sollten nicht erhitzt werden, da sonst ihre wertvollen Inhaltsstoffe verloren gehen.
Ein inzwischen auch bei uns weit verbreitetes Küchenöl ist das Olivenöl. Die Unterscheidung der Qualität erfolgt durch verschiedene Klassifizierungen. Natives Olivenöl wird ausschließlich durch mechanische und physikalische Verfahren aus Oliven gewonnen. Es handelt sich um das Öl der Frucht und – im Gegensatz zu anderen pflanzlichen Ölen – nicht um ein Samenöl. Dieses Öl hat keine anderen Behandlungen erfahren als Reinigen, Zermahlen, Pressen, Zentrifugieren und Filtrieren – es ist also nicht raffiniert. Minderwertiges natives Olivenöl muss durch Raffination zum Verzehr aufbereitet werden. Dieses ist dann unter der Bezeichnung „raffiniertes Olivenöl" oder „Olivenöl" (eine Mischung aus raffiniertem und nativem Olivenöl) im Handel erhältlich. Erkennbar sind diese Öle an der hellen Farbe mit kaum bzw. gar keinem Eigengeschmack sowie einem geringen Gehalt an freien Fettsäuren. Die gesundheitliche Wirkung von Olivenöl liegt an den so genannten „einfach ungesättigten Fettsäuren", welche unser Cholesterin im Blut günstig beeinflussen und das Risiko für Herzerkrankungen senken.
Weitere hochwertige Öle sind Distelöl, Weizenkeimöl, Sesamöl, Sonnenblumenöl, Leinöl, Rapsöl und Kürbiskernöl. Die sehr wohlschmeckenden Nussöle wie Haselnussöl, Walnussöl oder Mandelöl sind wegen ihres höheren Preises bereits als Genussmittel anzusehen. Ihre Verwendung für Salate und als Beigabe für den morgendlichen Getreidebrei ist aufgrund des intensiven Wohlgeschmacks sehr zu empfehlen.

Gewürzöle – eine nette Geschenkidee
Das Herstellen von Gewürzölen ist einfach. Geben Sie Ihr Lieblingskraut (z. B. Thymian, Majoran, Basilikum, Estragon o. Ä.) – gewaschen und abgetrocknet (es darf wirklich kein Wasser mehr auf den Kräutern sein!) – oder Ihr Lieblingsgewürz (z. B. Gewürznelken, Wacholderbeeren, Lorbeerblatt, Kümmel – ganze Samen kurz im Mörser zerstoßen) in eine dekorative Flasche. Füllen Sie die Flasche mit Olivenöl oder Sonnenblumenöl und stellen Sie dieses Öl 4 bis 6 Wochen an einen schattigen Ort in Ihrer Küche.

Küchentechnische Hinweise

Getreide und Hülsenfrüchte waschen

Getreide, welches als ganzes Korn verwendet wird (Reis, Hirse, Dinkel u. Ä.), sollte vor der Verwendung in einem Sieb mit Wasser mehrmals durchgewaschen werden – bis das Wasser klar ist. Ebenso verfährt man mit Hülsenfrüchten, wie z. B. Linsen oder Bohnen.

Getreide richtig zubereiten

Alle Getreidesorten können im Verhältnis zwei Teile Wasser und ein Teil Getreide (2 : 1) zubereitet werden. Erhitzen Sie die notwendige Menge Wasser und rühren Sie das Getreide hinein. Sobald das Wasser wieder aufkocht, reduzieren Sie die Hitze und lassen das Getreide zugedeckt sieden, bis das Wasser vollständig aufgenommen ist. Als Grundregel gilt: Das Getreide ist durch, sobald es weich ist.

Einige Angaben für die **ungefähre Kochzeit** finden Sie in nachstehender Tabelle:

GETREIDEART	KOCHZEIT
Reis, geschält (Basmati, Rundkorn u. Ä.)	20–25 Minuten
Buchweizen, Hirse, Haferreis*, Dinkelreis*	20 Minuten
Haferflocken, roh	20–25 Minuten
Haferflocken, vorgedämpft	10 Minuten
Getreidekörner (Weizen, Roggen, Dinkel)	60–90 Minuten
Gerste	30–40 Minuten

Kochzeiten wichtiger Getreidearten

**Hafer- und Dinkelreis sind eine schmackhafte Alternative zu Vollkorngetreide. Durch eine spezielle Schältechnik ist die Kochzeit wesentlich verkürzt, die wertvollen Vitamine und Mineralstoffe bleiben fast vollständig erhalten.*

Hülsenfrüchte richtig zubereiten

Hülsenfrüchte wie Bohnen, Linsen, Erbsen u. Ä. sind schwer verdaulich, was sich zumeist in Völlegefühl und Blähungen äußert. Trotzdem sind sie äußerst wertvolle Lebensmittel und sollten regelmäßig konsumiert werden.
Bei Beachtung folgender **Zubereitungshinweise** werden Hülsenfrüchte normalerweise gut vertragen: Bohnen und Erbsen mindestens 8 Stunden in Wasser einweichen, Linsen etwa 4 bis 6 Stunden (rote Linsen müssen nicht eingeweicht werden). Dieses Einweichwasser abgießen, die Hülsenfrüchte abspülen und anschließend in einem Topf mit frischem Wasser auf den Herd stellen. Nach dem ersten Aufkochen die Hülsenfrüchte ohne Deckel weich kochen, so ist das Entweichen von Gasen möglich.
Falls Schaum entsteht, sollte dieser sorgfältig abgeschöpft werden.

Getrocknete Hülsenfrüchte
Samen von Bohnen, Erbsen und Linsen sind getrocknet jahrelang haltbar und füllen seit Urzeiten die Vorratskammern aller Völker. Hülsenfrüchte sind die wichtigsten Eiweißlieferanten aus dem Pflanzenreich. Sie enthalten zwar nicht alle essentiellen Aminosäuren in ausreichendem Ausmaß, aber bereits unsere Vorfahren fanden heraus, dass sie – gemeinsam mit Getreide zubereitet – eine hochwertige und vollständige Mahlzeit darstellen. Durch die moderne Landwirtschaft wurden Hülsenfrüchte zu Viehfutter degradiert. Schenken Sie Ihnen wieder mehr Beachtung und nutzen Sie die hervorragenden Eigenschaften für Ihre Gesundheit!

Kräuter und Gewürze möglichst frisch verwenden

Es empfiehlt sich, Kräuter wie Basilikum, Dill, Petersilie u. Ä. als frisches grünes Kraut zu verwenden. Stellen Sie die dekorativen Kräuter als Topfpflanze auf Ihr Küchenfenster oder bewahren Sie geschnittene Kräuter im Kühlschrank auf. In ein nassfeuchtes Tuch gewickelt, halten die Kräuter in der Gemüselade bis zu einer Woche und bleiben frisch.

Mit dem Einkauf fängt es an

So wie die Ernte bereits beim Pflügen beginnt – ohne vorbereiteten Boden wird das Saatgut nicht keimen –, so wichtig ist es, bereits beim Einkauf auf die richtigen Zutaten zu achten. Gehen Sie wieder einmal über einen Wochenmarkt, besuchen Sie einen Bio-Bauernhof in Ihrer Nähe oder einen Naturkostladen und genießen Sie die Vielfalt des Angebots. Sollte das nicht möglich sein, gehen Sie in den nächsten Supermarkt und erledigen Sie Ihre Einkäufe bewusst in der Obst- und Gemüseabteilung. Lassen Sie die Regale mit den wertlosen Fertigprodukten, Süßigkeiten und Limonaden links liegen. Wählen Sie frische Lebensmittel, Getreide und Hülsenfrüchte aus. Sie werden überrascht sein, wie schnell Ihr Einkauf erledigt ist – und wie viel Geld Sie dabei sparen! Die ersparte Summe können Sie dann in die Qualität investieren und biologische Lebensmittel damit kaufen.

Das Argument des zeitaufwändigen „Zusammensuchens" von biologischen Lebensmitteln gilt nicht mehr. Die meisten Supermärkte haben bereits eine Auswahl an Bio-Produkten, regionale Verbände bieten Zustellservice an und viele Trockenwaren (Getreide, Hülsenfrüchte, Nüsse u. v. m.) können sogar im Internet bestellt werden. Aber vergessen Sie nicht, ein gemütlicher Bummel über den Markt, das Riechen und Schmecken des Angebotenen – das ist ein Erlebnis, welches Sie sich nicht entgehen lassen sollten.

!! EXTRA-TIPP:

Vom Gebrauch einer Mikrowelle sollten Sie nach Möglichkeit absehen, da diese Art des Erhitzens den energetischen Gehalt von Lebensmitteln verändert. Aus Sicht der Traditionellen Chinesischen Medizin ist Mikrowellen-Nahrung ohne Qi, d. h. ohne Lebensenergie, und somit wertlos.

Sprossen – das Bio-Gemüse aus der eigenen Küche

Sie können selbst Bio-Gemüse anbauen – ohne großen Garten. Die einfachste Möglichkeit dazu sind Sprossen aus Samen, Getreidekörnern oder Hülsenfrüchten. Da im Samen alle Anlagen der zukünftigen Pflanze vorhanden sind, hat er ein unglaubliches Potenzial. Mit der Keimung – stimuliert durch Wasser und Licht – beginnen erstaunliche chemische Vorgänge. Alles im Samenkorn arbeitet darauf hin, das Wachstum optimal zu fördern. Es entstehen neue oder vermehrte essentielle Aminosäuren und Vitamine, Stärke wird aufgeschlossen und steht für Stoffwechselprozesse zur Verfügung. Ein Keimling wächst in wenigen Tagen und vervielfacht den Wert seiner Inhaltsstoffe. Sprossen sind sozusagen prall gefüllt mit Enzymen, Vitaminen und Mineralstoffen.

Die Entdeckung dieser versteckten Kräfte der kleinen Sprossen und Keimlinge reicht Jahrtausende zurück. In Europa steckt ihre Bedeutung noch in den Anfängen. Dabei ist es einfach, Keimlinge und Sprossen selbst zu ziehen und diese in die täglichen Mahlzeiten zu integrieren. Besonders gut dazu geeignet sind Keimgläser und Tonkeimer. Im Fachhandel gibt es die unterschiedlichsten Modelle. Es geht aber auch ganz einfach mit einem Marmeladeglas, einem Tuch (sehr gut geeignet ist Mullbinde oder Insektengitter) und einem Gummiband.

Sprossen ziehen

Im Prinzip können Sie es mit jeglichen – chemisch unbehandelten – Samen versuchen. Besonders gut geeignet sind Samen aus Getreide, Hülsenfrüchten und Ölsaaten.

Getreide (Weizen, Roggen, Hirse, Hafer, Gerste, Dinkel) brauchen Einweichzeiten von 9 bis 15 Stunden. Dann werden die Keime 2 bis 3 Tage gezogen – regelmäßiges „Wässern" (Durchschwemmen mit frischem Wasser) ist wichtig. Sobald der Keimling etwa Samenkornlänge erreicht hat, kann geerntet werden.

Ebenso lange Einweichzeiten haben Hülsenfrüchte wie Bohnen, Erbsen oder Linsen. Auch diese Keimlinge sind nach etwa drei Tagen zum Verzehr geeignet, sollten allerdings kurz mit heißem Wasser blanchiert oder mitgekocht werden.

Besonders schmackhaft sind Keimlinge aus Öl- oder anderen Saaten, wie z. B. Alfalfa (Luzerne), Bockshornklee, Kresse, Leinsamen, Radieschen, Rettich oder Senf. Die Einweichzeit kann hier bei den kleinen Samen gänzlich entfallen, die größeren sollten 4 bis 6 Stunden eingeweicht werden. Nach 4 bis 6 Tagen sind die Keimlinge reif zum Ernten und können frisch als Salat verzehrt werden.

ZU BEACHTEN: Sollten die Keimlinge einmal „schimmelig" werden, bitte diese unbedingt wegwerfen. Sie sind dann zum Verzehr nicht geeignet!

Vorratshaltung

Schnelle und einfache Gerichte sind schnell „gezaubert". Voraussetzung dafür ist, dass Sie immer einige Basis-Zutaten in Ihrer Küche haben.

Hier einige **Vorschläge** für Ihre Vorratshaltung:

GETREIDE	Basmatireis, Buchweizen, Grieß (Weizen- oder Dinkelgrieß), Grünkern, Hirse, Risottoreis, Polenta, Haferflocken
HÜLSENFRÜCHTE	Bohnen (rote, schwarze, weiße), Linsen (rote, grüne, braune)
OBST DER SAISON	Äpfel, Beeren, Birnen, Marillen, Pfirsiche, Weintrauben u. v. m.
GEMÜSE DER SAISON	diverse Blattsalate, Fenchel, Karotten, Kartoffeln, Melanzani, Pilze, Spinat, Zucchini, Zwiebeln
KRÄUTER	Basilikum, Dille, Estragon, Koriander, Minze, Petersilie, Zitronenmelisse u. v. m.
GEWÜRZE	Bockshornkleesamen, Curcuma (Gelbwurzel), frische Ingwerwurzel, Kardamom, Koriander, Kren, Lorbeer, Majoran, Meersalz, Nelken, Oregano, Paprikapulver, Pfeffer, Rosmarin, Sternanis, Thymian, Vanille, Ysop, Zimt u. v. m.
SONSTIGES	Apfelessig, Balsamessig, hochwertige Öle (Olivenöl, Leinöl, Weizenkeimöl, Walnussöl u. Ä.), Nüsse und Samen, Trockenfrüchte (Datteln, Dörrzwetschken, Feigen, Marillen)

! TIPP:

Alle Getreide, Hülsenfrüchte und Trockenfrüchte sind gut haltbar. Zur Lagerung eignen sich Gläser oder andere verschließbare Gefäße, die Sie an einem kühlen, trockenen Ort in Ihrer Küche aufbewahren. Bei Gewürzen ist es wichtig, dass diese möglichst luftdicht und dunkel aufbewahrt werden. Die dekorativen Gewürzständer für die Küche erfüllen den Zweck nicht. Durch das Tageslicht gehen die aromatischen Inhaltsstoffe verloren bzw. werden die Gewürze leicht ranzig.

Essen zum Wohlfühlen

Wie bereits in der Einleitung erwähnt, empfiehlt es sich, auf die eigene Konstitution zu achten und die tägliche Ernährung darauf abzustimmen. Essen soll Ihr Wohlbefinden verstärken und Sie nicht belasten. Bei Ungleichgewichten mit Befindlichkeitsstörungen liegt die Ursache oftmals darin, dass wir unsere tägliche Nahrung nicht so gut vertragen.

Die Diagnostik der Traditionellen Chinesischen Medizin kann hier helfen und Anhaltspunkte liefern, wie erfolgreich gegengesteuert werden kann. **Das Prinzip ist:** Wo zu viel Hitze ist, wird durch die Auswahl der Zutaten „gekühlt" und „erfrischt". Umgekehrt wird bei zu viel Kälte im Körper „erwärmt" und „genährt" – so kommt Ihr Körper wieder ins Gleichgewicht und Sie fühlen sich wohler.

In der Beratungspraxis zeigen sich vor allem vier verschiedene Grundtypen, welche in den folgenden Kapiteln kurz beschrieben werden. So können Sie für sich rasch feststellen, welche Zutaten und Zubereitungsarten für Ihr Wohlbehagen förderlich sind. Anhand von typischen Symptomen, wie z. B. ständig kalte Hände und Füße, Frösteln, eingeschlafene Gliedmaßen, Übergewicht u. Ä., ist eine individuelle Anpassung möglich. Grob skizzierte Ernährungsvorschriften und einfache, schnell nachzukochende Rezepte ermöglichen Ihnen einen Einstieg in die Fünf-Elemente-Ernährung – ohne exotische Zutaten und großen Aufwand. In Infokästen werden einzelne Lebensmittel und ihre Wirkung auf den Körper detailliert beschrieben.

Möglicherweise werden Sie feststellen, dass Sie sich in mehreren Teilbereichen wieder finden. Gehen Sie davon aus, dass dort, wo Sie die meisten Fragen mit JA beantworten, Ihr persönlicher Schwerpunkt liegt. In der Praxis treten häufig Mischformen auf bzw. ist es ganz normal, dass sich der Schwerpunkt auch verschieben kann. Frauen, die häufig frieren, sind oft über die neue Wärme – verursacht durch die beginnenden Wechseljahre – in Ihrem Körper ganz glücklich. Das ist ein typisches Beispiel dafür, dass wir in unterschiedlichen Lebensphasen andere Ansprüche an unsere Ernährung haben sollten. Das Beachten der thermischen Wirkung der Lebensmittel ist auch im jahreszeitlichen Verlauf wichtig. Im Sommer greifen wir eher zu den kühlen, erfrischenden Speisen als im Winter.

Vergessen Sie aber bitte nicht: Die Einteilung auf den folgenden Seiten bietet Anhaltspunkte. Eine genaue, individuelle Diagnose, insbesondere wenn Sie bereits an Beschwerden leiden, kann nur ein erfahrener Arzt oder Therapeut leisten. Grundsätzlich sind alle Rezepte in diesem Buch für alle vier Grundtypen geeignet. Es kommt immer auf die Art der Zubereitung und die Auswahl der Zutaten an, d. h., wenn Sie jemand sind, der sich in der ersten Gruppe wieder findet (Neigung zu Kältesymptomen), können Sie natürlich auch das Rezept der nächsten Gruppe (Reis mit Birnenkompott) zubereiten. Aber achten Sie bitte darauf, dass Sie den Reis vorher anrösten (d. h. mehr Wärme in die Speise bringen) und zusätzlich wärmende Gewürze (z. B. Zimt, 1 EL Rotwein) verwenden. Durch das Austauschen der Zutaten können Sie die Ideen und Anregungen der Rezepte für sich adaptieren. Ebenso verfahren Sie, sobald Sie sich „im Gleichgewicht" fühlen. Vermeiden Sie das Extrem und stellen Sie sich eine ausgewogene Speise (siehe Abb. auf Seite 21) zusammen.

Auf den nächsten Seiten finden Sie die Einteilung in die vier häufigsten Gruppen mit den dazugehörigen Rezepten. Die Bezeichnungen sind für ein logisches Verständnis an die Symptomatik angelehnt und der Vollständigkeit halber zusätzlich durch den diagnostischen Begriff der Traditionellen Chinesischen Medizin ergänzt.

Das sind die **vier Grundtypen:**

KÄLTE:	Qi- und Yang-Mangel
HITZE:	Yin-Mangel
TROCKENHEIT:	Blut- und Säftemangel
FEUCHTIGKEIT:	Übergewicht und Stagnation

Finden Sie heraus, zu welcher Gruppe Sie tendieren und bereiten Sie die vorgeschlagenen Speisen für sich zu.

Fühlen Sie die Wirkung auf Ihren Körper und genießen Sie das Wohlgefühl!

kälte

Qi- und Yang-Mangel

KÄLTE:
Qi- und Yang-Mangel

Gehören Sie zu den Menschen, denen immer kalt ist?
Plagen Sie Verdauungsstörungen?

Gehen Sie folgende Checkliste durch. Wenn Sie die Mehrzahl der Symptome bei sich wieder erkennen, dann sollten Sie die Hinweise und Rezepte der nachfolgenden Seiten ausprobieren. Warme Hände und Füße, ein wohliges Gefühl im Bauch, mehr Energie und Konzentrationsfähigkeit sind die Erfolgsfaktoren.

	JA	NEIN
Ist Ihnen häufig kalt? Frösteln Sie oft?	☐	☐
Sind Sie häufig erkältet?	☐	☐
Haben Sie eine Abneigung gegen kalte Getränke?	☐	☐
Sind Sie häufig müde, abgeschlagen und können sich schwer konzentrieren?	☐	☐
Haben Sie häufig Blähungen oder ein Völlegefühl?	☐	☐
Ist Ihr Stuhl breiig, weich und haben Sie häufig Durchfall?	☐	☐
Haben Sie häufig Rückenschmerzen im Bereich der Lendenwirbelsäule?	☐	☐
Müssen Sie häufig urinieren? Ist der Urin klar und reichlich?	☐	☐
Müssen Sie nachts auf die Toilette?	☐	☐
Haben Sie häufig Blasenentzündungen?	☐	☐
Haben Sie viel Stress und sind überarbeitet?	☐	☐
Machen Sie sich viele Sorgen? Grübeln Sie viel, sind Sie ängstlich?	☐	☐
Hatten Sie mehrere Geburten in kurzen Zeitabständen?	☐	☐
Haben Sie starke Gelüste auf Süßes?	☐	☐
Essen Sie hauptsächlich Rohkost und Südfrüchte?	☐	☐
Essen Sie viele Milchprodukte?	☐	☐
Ernähren Sie sich vorwiegend von Tiefkühlkost?	☐	☐
Essen Sie häufig Konservennahrung und Fertigmenüs?	☐	☐
Essen Sie vorwiegend Brotmahlzeiten (Käsebrot u. Ä.)?	☐	☐
Verzichten Sie meistens auf das Frühstück?	☐	☐
Haben Sie kürzlich bzw. des Öfteren gefastet?	☐	☐

Wohlfühl-Rezepte zum Aufbau von Qi und Yang: den Körper „wärmen“

Allgemeine Tipps

Zur inneren Erwärmung und Stärkung ist besonders in den Wintermonaten Disziplin gefragt. Es ist wichtig, dass Sie auf ein vernünftiges Frühstück achten. Am besten geeignet ist ein gekochter Getreidebrei aus Hirse oder Hafer mit wärmenden Gewürzen. Zusätzlich sollte es für Sie noch mindestens eine weitere warme Mahlzeit geben – lang gekochte Suppen und Eintöpfe sind einfach zuzubereiten und bieten viele Variationsmöglichkeiten. Nehmen Sie morgens oder mittags kleine Mengen eiweißreicher Zutaten zu sich, z. B. in Form von Nüssen, Samen, Ei, Fisch oder Fleisch. Obst sollten Sie in der Aufbauphase vorwiegend kurz gedünstet oder als Kompott zu sich nehmen. Durch die Verwendung von Gewürzen (Gewürznelke, Vanille, Zimt u. Ä.) wird das Kompott besonders schmackhaft und hat eine noch wärmendere Wirkung.

Rösten Sie Getreide und Nüsse an, dann bringen Sie mehr Wärme (Yang) in Ihre Speisen. Durch langes Kochen werden Getreide und Fleischsuppen energetisch stärkend. Kleine Mengen Alkohol zum Kochen haben einen ähnlichen Effekt – denken Sie an Rindfleisch oder Rotkraut mit Rotwein (siehe Kapitel „Thermische Veränderung durch die Zubereitung“, Seite 22).

Wärmende und stärkende Zutaten

Folgende Zutaten sind **besonders wichtig** und sollten in möglichst vielen Mahlzeiten vorkommen:

GETREIDE	Basmatireis, Buchweizen, Dinkel, Grünkern, Hafer(flocken), Hirse, Polenta, Vollkornreis (lange gekocht)
HÜLSENFRÜCHTE – in der Aufbauphase nur kleine Mengen!	Bohnen, Linsen
GEMÜSE	Fenchel, Fisolen, Karotten, Kartoffeln, Kürbis, Lauch, Rotkraut, Weißkraut, Wurzelgemüse, Zwiebeln, kleine Mengen bittere Blattsalate (Chicorée, Radicchio, Endivie u. Ä.)
OBST	süße Äpfel, Trockenfrüchte (einweichen oder mitkochen)
PILZE	Champignons, alle Waldpilze
FLEISCH	Huhn, Lamm, Pute, Rind, Wild
FISCH	Süßwasserfische
KRÄUTER/GEWÜRZE	alle frischen und getrockneten Küchenkräuter, Fenchel, Gewürznelke, frischer Ingwer, Kardamom, Knoblauch, Koriander, Kümmel, Lorbeer, Muskat, Pfeffer, Rosmarin, Vanille, Wacholderbeeren, Zimt
GETRÄNKE	heißes Wasser, Getreidekaffee, roter Traubensaft; Tee aus Bohnenkraut, Fenchelsamen, Kardamom, Kümmel, Rosmarin, Thymian, Fencheltee mit Anis und Kümmel, Gerstenmalz-Zimt-Tee, Ingwertee, Ingwer-Vanille-Tee, Rooibos oder Rotbuschtee
NÜSSE UND SAMEN	Haselnüsse, Walnüsse, Mandeln, Maroni, Pistazien, Sonnenblumenkerne
SONSTIGES	kaltgepresste Öle, Ei, Trockenfrüchte

Das sollten Sie vermeiden!

- x Fasten, Hungern, Frühstück ausfallen lassen
- x Häufige Brotmahlzeiten
- x Süßigkeiten, Kuchen, Speiseeis, Schokolade u. Ä.
- x Milchprodukte als Mahlzeiten, z. B. Buttermilch, Sauermilch, Molkegetränke, Joghurt(drinks)
- x Rohkost im Übermaß: Tomaten, Gurken, Südfrüchte, rohes Obst, rohe Getreide (z. B. Müsli)
- x Denaturierte Nahrung: Konserven, Fertigsaucen, Light-Produkte, Tiefkühlkost, Süßstoff, Margarine
- x Fruchtsäfte, Gemüsesäfte, Früchtetees, kühlende Kräutertees (z. B. Pfefferminze, Kamille, Grüner Tee), Cola-Getränke, Limonade, Sekt, Weißwein, Weizenbier, eisgekühlte Getränke

Wohlfühl-TIPP:

Wenn Sie nachts zu kalten Füßen neigen, dann ziehen Sie sich Socken zum Schlafen an. Achten Sie bei Ihrer Kleidung darauf, dass Ihre Nierengegend (unterer Rückenbereich) immer gut bedeckt ist. Bauchfreie T-Shirts und zu kurze Pullover verstärken die Kältesymptome. Die Nierengegend können Sie durch regelmäßiges Einreiben mit einer Mischung aus neutralem Körperöl (Massageöl oder Babyöl) und einigen Tropfen Ingweröl erwärmen und stärken.

An kalten Wintertagen hilft ein heißes Fußbad mit Ingwersud: Einfach 4 bis 5 Scheiben Ingwer in 2 Liter Wasser 15 Minuten zugedeckt kochen.

Geröstete Haferflocken mit Weintraubenkompott

2 PORTIONEN

1 Tasse Haferflocken, 2 EL Sonnenblumenkerne, 2 EL Reis- oder Gerstenmalz (oder Honig), 1/2 Tasse Apfelsaft, 1 Hand voll Weintrauben (oder anderes saisonales Obst), 1/2 TL Zimt (gemahlen)

1 TL Ingwer (frisch gerieben)

1 Prise Salz

Saft von einer Zitrone

2 Tassen heißes Wasser

Die Haferflocken mit den Sonnenblumenkernen anrösten und mit dem heißen Wasser aufgießen. Die Gewürze und den Zitronensaft dazugeben und die Mischung 20 bis 30 Minuten auf kleiner Flamme kochen lassen. Bei Bedarf weiteres Wasser nachgießen.

Inzwischen aus den Weintrauben (oder beliebig anderen saisonalen Früchten) ein Kompott zubereiten: Apfelsaft erhitzen und klein geschnittenes Obst darin kurz dünsten. Bei Bedarf mit Malz (oder Honig) abschmecken.

! TIPP:

Schneller und einfacher bereiten Sie Ihr Frühstück zu, wenn Sie das Getreide kochen und gegen Ende der Garzeit das Obst direkt in den Getreidebrei geben und dort kurz mitkochen. Das ist allerdings eine Frage des persönlichen Geschmacks, ob Sie alles als Brei vermischt haben möchten oder doch auf die optische Trennung – Brei und Kompott – Wert legen.

Geröstete Hirse mit Trockenfrüchten

2 PORTIONEN

einige Trockenfrüchte (z. B. Marillen, Dörrzwetschken), 1 Tasse roter Traubensaft, 1 Tasse Hirse, 1/2 TL Zimt (gemahlen), 1/2 TL Nelken (gemahlen), 1 EL Walnüsse (gehackt), 2 TL Leinöl

1 TL Ingwer (frisch gerieben)

1 Prise Salz

Saft von einer Zitrone

2 EL Rotwein, 2 Tassen heißes Wasser

Trockenfrüchte über Nacht in Traubensaft einweichen.

In einer heißen Pfanne die Hirse unter ständigem Rühren kurz anrösten, mit heißem Wasser aufgießen und zugedeckt 15 bis 20 Minuten weich kochen.

In der Zwischenzeit die Trockenfrüchte mit dem Traubensaft, den Gewürzen, dem Zitronensaft und dem Rotwein in einen kleinen Topf geben und etwa 5 Minuten erhitzen.

Hirse in einer Schale anrichten, Kompott aus den Trockenfrüchten dazugeben, mit Walnüssen garnieren und mit Leinöl beträufeln.

Geröstete Grießsuppe

2 PORTIONEN

1 Tasse Weizen- oder Dinkelgrieß, 1 EL Butter

1 Prise Muskat

Salz

1/2 Bd. Petersilie

2 Wacholderbeeren, 700 ml heißes Wasser (oder Gemüsebrühe)

In einem Topf die Butter schmelzen, den Grieß anrösten und mit Wasser (oder Gemüsebrühe) aufgießen.

Gewürze zugeben, die Suppe aufkochen und 10 bis 15 Minuten quellen lassen.

Frisch gehackte Petersilie einrühren und sofort servieren.

Haferflockensuppe mit Gemüse

4 PORTIONEN

1 EL Sesamöl (oder Butter), 4 Karotten, 1 kleiner Chinakohl

1 Tasse Haferflocken, 1 Bd. Frühlingszwiebeln, Pfeffer

Salz, 4–5 Tassen Wasser

Saft von einer Zitrone

1 Prise Paprikapulver, 1 TL Bockshornkleesamen

Sesamöl (oder Butter) erhitzen, klein geschnittene Frühlingszwiebeln sanft anbraten.

Haferflocken zugeben, mit Bockshornkleesamen, Pfeffer, Salz, Zitronensaft und Paprikapulver würzen und mit Wasser aufgießen. Karotten in Würfel schneiden, dazugeben und ca. 30 Minuten auf kleiner Flamme zugedeckt kochen.

Chinakohl in Streifen schneiden, dazugeben und kurz ziehen lassen.

Bei Bedarf mit Salz und Pfeffer nachwürzen.

! TIPP:
Die Suppe wird noch stärkender, wenn Sie Reste von gekochtem Hühner- oder Rindfleisch dazugeben. Im Winter ist diese Suppe eine ideale Morgenmahlzeit.

Erwärmende Kraftsuppe

4–6 PORTIONEN

1/2 kg Fleisch und/oder Knochen vom Rind, 1 Zimtstange, 2 Karotten, 1 Knollensellerie

4 Scheiben Ingwer (ungeschält), 4 Lorbeerblätter, 1 TL Pfefferkörner, 1 TL Koriandersamen, 4 Sternanise

1 TL Salz, 5–6 l Wasser

2 Zitronenscheiben

1 TL Wacholderbeeren, 1 TL Bockshornkleesamen

Fleisch und Knochen mit 2 bis 3 l kaltem Wasser aufsetzen und aufkochen lassen, bis sich Schaum bildet. Diese Suppe wegschütten, Fleisch und Knochen abspülen, Topf auswaschen. Alle Schaumreste sollten entfernt sein.

Danach 2 bis 3 l Wasser erneut erhitzen und Fleisch und Knochen mit den Gewürzen und dem Gemüse darin mindestens 2 1/2 Stunden zugedeckt köcheln lassen. Je länger die Suppe kocht, desto erwärmender und nährender wird sie. Wenn Sie das Fleisch verwenden möchten (z. B. als spätere Suppeneinlage), nehmen Sie es heraus, sobald es gar ist.

Die Suppe am Ende der Kochzeit durch ein Sieb abseihen und alle Zutaten wegwerfen.

Diese Suppe ist als Basis für andere Suppen zu verwenden, welche Sie dann mit frischen Zutaten (Gemüse, Kräuter u. Ä.) verfeinern. Abgekühlt kann die Suppe im Kühlschrank mehrere Tage aufbewahrt werden (z. B. in Schraubgläsern).

Hähnchenkeulen mit Rotweinschalotten

2 PORTIONEN

1 EL Butter

Pfeffer, 1 Bd. Frühlingszwiebeln, 1/2 Bd. Liebstöckel (Maggikraut)

Salz

4 Hähnchenkeulen

1/8 l Rotwein (z. B. Zweigelt)

Backofen auf 180 Grad vorheizen.

In einer heißen Pfanne die Butter schmelzen und die Hähnchenkeulen darin scharf anbraten.

Die Keulen pfeffern und salzen.

Frühlingszwiebeln in grobe Stücke (ca. 10 cm lang) schneiden und dazugeben.

Den Bratrückstand mit dem Rotwein aufgießen.

Die Keulen und das Gemüse in der Pfanne dekorativ anrichten und im Backrohr 20 bis 25 Minuten ziehen lassen.

Liebstöckel fein hacken und kurz vor dem Servieren die Hähnchenkeulen damit garnieren.

Lammfilet mit Gemüse und Lorbeerkartoffeln

4 PORTIONEN

8 mittelgroße Kartoffeln, 8 EL Olivenöl, 2 Zucchini

8 Lorbeerblätter, 1 Bd. Frühlingszwiebeln, Pfeffer

Salz, 4 dünne Scheiben Parmesankäse, 4 Scheiben Rohschinken (oder Speck)

8 Cocktailtomaten

4 Lammfilets, 8 Salbeiblätter, 4 Rosmarinzweige, 1/2 Bd. Thymian

Kartoffeln waschen und schälen. Die Kartoffeln jeweils in der Mitte bis zur Hälfte einschneiden und je ein Lorbeerblatt in den Schlitz stecken. Ein Backblech mit 2 EL Olivenöl einfetten, die Kartoffeln darauf setzen und mit weiteren 2 EL Olivenöl beträufeln. Die Kartoffeln salzen und bei 180 Grad 25 bis 30 Minuten auf mittlerer Schiene im Backofen braten.

In der Zwischenzeit die Lammfilets auf einer Seite – wie für eine Tasche – bis zur Mitte einschneiden. Diese Öffnung mit je 2 Salbeiblättern, den Nadeln eines Rosmarinzweiges, einem Thymianzweig und einer Scheibe Parmesan füllen. Die Filets mit einer Speck- oder Schinkenscheibe so umwickeln, dass die Öffnung gut verschlossen ist.

Frühlingszwiebeln in Ringe schneiden, Zucchini vierteln und in Scheiben schneiden. In einer Pfanne 2 EL Olivenöl erhitzen, Zucchini und Frühlingszwiebeln darin anbraten. Mit frisch gemahlenem Pfeffer und Salz würzen und 5 bis 10 Minuten weich dünsten. Dann halbierte Cocktailtomaten zugeben und mit gehacktem Thymian abschmecken. In einer weiteren Pfanne 2 EL Olivenöl erhitzen und die vorbereiteten Lammfilets auf jeder Seite etwa 5 Minuten scharf anbraten. Die Lammfilets anschließend auf kleiner Flamme weitere 5 Minuten fertig garen. Gemüse und Kartoffeln auf einem Teller anrichten und mit den Lammfilets servieren.

Pute mit Frühlingszwiebeln

2 PORTIONEN

- **4 EL Sonnenblumenöl, 1 TL Fenchelsamen**
- **250 g Putenfleisch, 2 Sternanise, 1 Bd. Frühlingszwiebeln, Pfeffer**
- **Salz**
- **Saft von einer Zitrone**
- **1 TL Ysop**

Putenfleisch in grobe Stücke schneiden und mit der Hälfte des Sonnenblumenöls, Sternanis, Fenchelsamen, Ysop, Salz und Pfeffer marinieren – mindestens 30 Minuten durchziehen lassen.

Frühlingszwiebeln waschen und die größeren Zwiebeln halbieren. In einer Pfanne 1 EL Sonnenblumenöl erhitzen. Die Frühlingszwiebeln auf beiden Seiten je 3 bis 4 Minuten anbraten. Mit frisch geriebenem Pfeffer und Salz würzen. Mit Zitronensaft ablöschen. Die Zwiebeln herausnehmen und warm stellen. In der Pfanne das restliche Öl erhitzen und das marinierte Fleisch darin 10 bis 15 Minuten garen. Mit Pfeffer und einer Prise Salz abschmecken.

Zwiebeln und Fleisch auf einem Teller anrichten und servieren. Als Beilage passen sehr gut Dinkelkarotten (siehe nächstes Rezept).

Dinkelkarotten

2 PORTIONEN

4 Karotten,
2–3 EL Olivenöl

1 TL Ingwer
(frisch gerieben), Pfeffer

Salz

1 Tasse Dinkel (oder
Dinkelreis)

1/2 Bd. Thymian,
2 Tassen heißes Wasser

Dinkel in einer heißen Pfanne anrösten und mit heißem Wasser aufgießen. Auf kleiner Flamme zugedeckt ca. 1 Stunde (bei Dinkelreis verkürzt sich die Kochzeit auf 20–25 Minuten) kochen, bis die Dinkelkörner weich sind. Bei Bedarf weitere Flüssigkeit zugießen.

Karotten in kleine Würfel schneiden und gegen Ende der Kochzeit zum Dinkel geben. Dinkel mit Karotten noch etwas nachquellen lassen. In der Zwischenzeit Thymianblätter von den Stielen lösen.

Die Dinkelkarotten mit den Gewürzen abschmecken, Olivenöl unterrühren und als Beilage servieren.

i INFO:

DINKEL, der Urweizen (Triticum spelta), ***wurde wegen des geringen Ertrages und der Knickanfälligkeit der langen Stängel durch den heute angebauten Weizen*** (Triticum vulgare) ***verdrängt. Dinkel stärkt die Milz, die Bauchspeicheldrüse, die Leber und nährt das Yin.***
GRÜNKERN ist halbreif geernteter Dinkel, der über dem Holzfeuer gedarrt wurde. Sein Geschmack ist intensiv. Das Temperaturverhalten ist wärmend und Grünkern wirkt positiv auf Leber und Gallenblase. Durch die besonders entstauende Wirkung eignet sich Grünkern hervorragend für eine Frühjahrskur.

Rotkraut mit Kastanien

4 PORTIONEN

1 mittelgroßes Häuptel Rotkraut, 2 EL Sonnenblumenöl, 20 Maroni, 2 EL Dinkelmehl, 1 Zimtstange

1 Zwiebel, 2 Knoblauchzehen, 5 Gewürznelken, Pfeffer

Salz, 1 Tasse Wasser

2–3 EL Apfelessig

Backofen auf 180 Grad vorheizen. Die Maroni kreuzweise einschneiden und mit einer Schale Wasser (damit die Maroni nicht zu sehr austrocknen) im Backofen 30 bis 40 Minuten backen, bis die Schale aufspringt und die Maroni weich sind.

Die Rotkrautblätter vom Strunk lösen und in feine Streifen schneiden. Zwiebel und Knoblauch fein hacken. In einer Pfanne Sonnenblumenöl erhitzen und Rotkraut darin anbraten. Zimt, Nelken, Zwiebel, Knoblauch und Wasser zugeben. Das Rotkraut 30 bis 40 Minuten weich dünsten. Mit Salz, Pfeffer und Apfelessig abschmecken.

Die Krautmischung mit Dinkelmehl bestäuben und gut durchrühren. Gebackene Maroni aus den Schalen lösen, zum Kraut geben und kurz mitdünsten.

!! EXTRA-TIPP:

MARONI – Esskastanien – sind aus Sicht der Traditionellen Chinesischen Medizin pures Jing (Essenz, siehe auch Seite 14). Der süße Geschmack und die wärmende Wirkung sind nährend für die Nieren, stärken unsere Verdauungsorgane und vertreiben Kälte aus unserem Körper. Gerade richtig für die Wintermonate. Greifen Sie zu, wenn an den Straßenecken heiße Maroni angeboten werden.

Apfeldessert mit Haferflocken

4 PORTIONEN

500 g Äpfel (mürbe Sorte), 6 EL Haferflocken, 1/2 TL Zimt (gemahlen), 2 EL Butter, 2 EL Honig, 2 EL Sonnenblumenkerne

1 TL Ingwer (frisch gerieben)

1 Prise Salz

Saft von einer Zitrone

1 EL Rum

Die Äpfel schälen, entkernen und in dünne Spalten schneiden.

Eine Auflaufform mit etwas Butter ausstreichen und Apfelspalten darin verteilen. Zitronensaft darüber träufeln. Mit einer Gabel die restliche Butter mit den anderen Zutaten verrühren und über die Äpfel verteilen.

Das Apfeldessert im Backofen bei etwa 175 Grad 30 Minuten backen.

Warm servieren.

! TIPP:
Besonders gut schmeckt dieses Apfeldessert, wenn Sie pro Portion ein Stamperl Eierlikör darüber träufeln.

Quinoaauflauf mit Zwetschken

4 PORTIONEN

2 Tassen Quinoa, 3 Eier, 4 EL Honig (oder Birnendicksaft, Ahornsirup, Gerstenmalz), 1 TL Zimt (gemahlen), 1/2 TL Nelkenpulver, 2 EL Vanillezucker (siehe Seite 105)

1 kl. Stück Ingwer (frisch gerieben)

4 Tassen Wasser

Saft von einer Zitrone,
500 g Zwetschken

1 Prise Kakao, 1 EL Rotwein

In einem heißen Topf Quinoa kurz anrösten, mit Wasser aufgießen und zugedeckt aufkochen. Sobald die Quinoa kocht, auf kleine Flamme zurückdrehen und 10 bis 15 Minuten weich kochen.

In der Zwischenzeit die Zwetschken waschen, halbieren und entkernen.

Die Quinoamischung etwas abkühlen lassen und dann mit den restlichen Zutaten – ohne Zwetschken – vermengen. Die Mischung in eine Auflaufform geben und mit den halbierten Zwetschken belegen, diese mit den Fingern etwas in die Masse hineindrücken.

Den Auflauf mit dem Vanillezucker bestreuen und im Backofen bei 180 Grad 30 bis 40 Minuten backen.

!! EXTRA-TIPP:
Reste des Auflaufs eignen sich hervorragend als Frühstücksmahlzeit oder zum Mitnehmen an den Arbeitsplatz.

hitze

YIN-MANGEL

HITZE:
Yin-Mangel

Gehören Sie zu den Menschen, denen es immer zu warm ist? Sie sitzen im Winter mit kurzen Ärmeln in – für Sie – überhitzten Räumen?

Gehen Sie folgende Checkliste durch. Wenn Sie die Mehrzahl der Symptome bei sich wieder erkennen, dann sollten Sie die Hinweise und Rezepte der nachfolgenden Seiten ausprobieren. Ein angenehmeres Körpergefühl, vermindertes Schwitzen, weniger Durst und erholsamer Schlaf sind Ihre Erfolgsfaktoren.

	JA	NEIN
Ist Ihnen häufig zu warm?	☐	☐
Haben Sie häufig heiße Fußsohlen und heiße Hände?	☐	☐
Sind Sie rastlos und unruhig?	☐	☐
Leiden Sie unter Schlafstörungen?	☐	☐
Bevorzugen Sie kalte Getränke?	☐	☐
Haben Sie häufig Durst und einen trockenen Mund?	☐	☐
Ist Ihr Stuhl hart und trocken? Leiden Sie unter Verstopfung?	☐	☐
Haben Sie übel riechende Blähungen?	☐	☐
Essen Sie gerne scharf?	☐	☐
Essen Sie gerne sehr salzig (Chips, Pizza u. Ä.)?	☐	☐
Trinken Sie viel Kaffee?	☐	☐
Trinken Sie häufig Alkohol? Cocktails? Hochprozentiges?	☐	☐
Essen Sie häufig Fleisch – auch am Abend?	☐	☐
Rauchen Sie?	☐	☐
Haben Sie viel Stress? Sind Sie überarbeitet?	☐	☐
Haben Sie meist keine Zeit zum Essen? Essen Sie unterwegs?	☐	☐
Haben Sie Sodbrennen, Aufstoßen?	☐	☐
Haben Sie häufig Zahnfleischbluten?	☐	☐
Schwitzen Sie oft – auch in der Nacht?	☐	☐

Wohlfühl-Rezepte zum Yin-Aufbau: den Körper „erfrischen“ und „kühlen“

Allgemeine Tipps

Hitze ist durch zu viel Yang charakterisiert und hat die Tendenz aufzusteigen. Sie beeinträchtigt uns deshalb vor allem in den oberen Körperregionen. Kennzeichen dafür sind Sodbrennen, trockener Mund u. Ä. Eine bewusste Auswahl von Lebensmitteln kann uns aber von innen erfrischen und kühlen. Trotzdem ist es wichtig, auf die Bekömmlichkeit zu achten und nicht nur Rohkost und kalte Lebensmittel zu essen. Ideal ist ein Mittelmaß: gut verträgliche einfache Speisen, die mit erfrischenden Zutaten (wie kleine Mengen Rohkost, Sprossen, Blattsalate) ergänzt werden. Die Kochmethoden sollten yinisierend sein, d. h. saftige Zubereitung, kurzes Dünsten und Blanchieren. Andere Kochmethoden, wie Grillen, Frittieren oder Braten, bringen noch mehr Hitze in den Körper und würden eine weitere Erhitzung bewirken.

Hier können Sie besonders viel erreichen, indem Sie ungünstige Gewohnheiten ablegen. Der Verzicht auf Genussmittel, wie Alkohol, Nikotin, Schwarztee, und das Achten auf die „Essens-Hygiene“ – sich Zeit für die Mahlzeiten nehmen, sich nicht überessen, nicht zu spät am Abend essen – bringen die größten Erfolge.

Erfrischende und kühlende Zutaten

Folgende Zutaten sind **besonders wichtig** und sollten in möglichst vielen Mahlzeiten vorkommen:

GETREIDE	Gerste, Hirse, Polenta, Reis, Weizen(grieß)
HÜLSENFRÜCHTE	Bohnen, Linsen
GEMÜSE	alle Blattsalate, Broccoli, Chinakohl, Gurken, Kartoffeln, Kohlrabi, Mangold, Melanzani, Radieschen, Rettich, Sauerkraut, Schwarzwurzel, Sellerie, Spargel, Spinat, Sprossen, Stangensellerie, Tomaten, Zucchini
OBST	Birnen, Kirschen, Marillen, Pfirsiche, Rhabarber, Weintrauben, Zwetschken

PILZE	Austernpilze, Champignons
FLEISCH	Ente, Huhn, Kaninchen
FISCH	Süßwasserfische
KRÄUTER/GEWÜRZE	alle frischen Küchenkräuter wie Basilikum, Dill, Koriander, Kresse, Petersilie, Salbei
GETRÄNKE	Apfelsaft, Birnensaft, Gurkensaft, Karottensaft, Sauerkrautsaft, Selleriesaft, Gerstenwasser (siehe Tipp Seite 113), Weizenbier; Apfelminzetee, Brennnesseltee, Grüner Tee, Kamillentee, Kräutertee, Malventee, Melissentee, Pfefferminztee, Rosenblättertee, Salbeitee, Verbenenkrauttee
NÜSSE UND SAMEN	Kürbiskerne, Sesam, Sonnenblumenkerne
SONSTIGES	Malz zum Süßen (Gerstenmalz, Reismalz), hochwertige Pflanzenöle (Olivenöl, Leinöl, Weizenkeimöl), kleine Mengen Milchprodukte als Ergänzung zu Ihren Speisen

Das sollten Sie vermeiden!

- x Frühstück bzw. Mahlzeiten ausfallen lassen
- x Unregelmäßige Essenszeiten
- x Üppige Mahlzeiten, zu viel auf einmal (z. B. Buffet)
- x Spät am Abend bzw. nachts essen
- x Unruhe, Sorgen beim Essen
- x Fleischmahlzeiten am Abend
- x Trockene Nahrung (Brotmahlzeiten), sehr salzige Speisen
- x Gegrilltes, Frittiertes, Gebratenes
- x Denaturierte Nahrung: Konserven, Fertigsaucen, Light-Produkte, Süßstoff, Margarine
- x Austrocknende Nahrungs- und Genussmittel wie Kaffee, Rotwein, Schwarztee, scharfe Gewürze (Chili, Cayennepfeffer)
- x Fruchtsäfte, kohlensäurehaltige Getränke (Limonaden), aufputschende Getränke (Energy-Drinks)

Wohlfühl-TIPP:

Machen Sie wieder einmal etwas, was Ihnen Spaß macht und Freude bereitet. Kreative Tätigkeiten wie Malen, Musizieren, Singen, Wandern, Spazierengehen lenken vom Alltag ab und bringen Entspannung. Was wollten Sie schon immer einmal machen? Hören Sie auf darüber nachzudenken, TUN Sie es einfach!

Saftiger Reis mit Birnenkompott

2 PORTIONEN

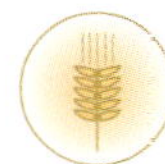

1 Tasse Reis (Basmati-, Rundkorn- oder Langkornreis), 4 süße Birnen (oder anderes saisonales Obst), 1 Tasse Apfelsaft, 1–2 EL Gerstenmalz (Vollrohrzucker, Honig), 1 Prise Bourbon-Vanille (oder Mark von einer halben Vanilleschote), 2 TL Leinöl

1 TL Ingwer (frisch gerieben)

2 Tassen Wasser, 1 Prise Salz

Saft von einer Zitrone

1 Prise Kakao, 2 Gewürznelken

In einem Topf Wasser erhitzen, Reis mit einer Prise Salz zugeben. Zugedeckt aufkochen lassen und dann auf kleiner Flamme 15 Minuten weich kochen. Geriebenen Ingwer einrühren und weitere 5 Minuten ausquellen lassen. Inzwischen den Apfelsaft in einem weiteren Topf erhitzen. Birnen vierteln, entkernen, schälen und in Scheiben schneiden. Birnenscheiben mit den restlichen Gewürzen im Apfelsaft einige Minuten zu einem Kompott verkochen. Reis auf 2 Frühstücksschalen verteilen, mit Birnenkompott und je 1 TL Leinöl verfeinern.

! TIPP:

Sie können gleich eine größere Menge Kompott zubereiten und dieses heiß in Marmelade-Schraubgläser füllen. Nach dem Abkühlen können Sie diese Gläser in den Kühlschrank stellen. Die Haltbarkeit beträgt je nach Obst und Beigabe von Süßmitteln eine bis mehrere Wochen. So haben Sie immer schnell ein fertiges Kompott für Ihr Frühstück zur Verfügung. Der zeitliche Aufwand für die Zubereitung ist also keine Ausrede mehr!

!! EXTRA-TIPP:

In den Frühjahr- und Sommermonaten greifen Sie am besten zu einem Frühstück aus gekochtem Getreide (Hirse, Polenta, Quinoa oder Reis) und vermengen das Getreide mit frischem Obst (z. B. geriebener Apfel, Beeren, Erdbeeren, Marillen). Auch hier als Ergänzung ein paar Nüsse oder Samen und 1 TL hochwertiges Öl dazugeben.

Kräutersuppe

4 PORTIONEN

2 EL Dinkelmehl, 2 EL Butter

1 Zwiebel, Muskat

Salz, 1 l Wasser (oder Gemüsebrühe)

je eine Hand voll Gundelrebe, Kerbel, Petersilie, Portulak und Sauerampfer

Curcuma (Gelbwurzel)

Butter in der Pfanne schmelzen, Dinkelmehl darin kurz anrösten und gut verrühren.

Klein gehackte Zwiebel beigeben, mit Muskat würzen und mit ca. 1 l Wasser (oder Gemüsebrühe) aufgießen.

Aufkochen lassen, mit Salz und Curcuma abschmecken und 3/4 der gehackten Kräuter beigeben.

Kurz ziehen lassen und mit frischen Kräutern bestreut servieren.

Rote Linsensuppe mit Stangensellerie

2 PORTIONEN

1 Tasse rote Linsen, 4 Stück Stangensellerie

1 Zwiebel, Pfeffer, Kresse (oder Sprossen)

4–5 Tassen Wasser (oder Gemüsebrühe), Salz

Saft von einer Zitrone

1 TL Thymianblätter

Stangensellerie waschen, holzige Fasern entfernen und in Scheiben schneiden.

In einem großen Topf das Wasser (oder die Gemüsebrühe) erhitzen.

Linsen und fein gehackte Zwiebel in das heiße Wasser geben und 15 bis 20 Minuten auf kleiner Flamme zugedeckt kochen.

Stangensellerie mit den restlichen Gewürzen zur Suppe geben.

Weitere 5 Minuten kochen.

Bei Bedarf mit Salz und Pfeffer abschmecken.

Die Suppe mit Kresse (oder Sprossen) bestreut servieren.

Gerollte Bachforelle mit Kräutern und Salzkartoffeln

2 PORTIONEN

1 Ei, 500 g Kartoffeln, 1 Tasse Gemüsebrühe

1 Frühlingszwiebel, Pfeffer, 1 EL Kümmel

2 grätenfreie Filets von der Bachforelle, Salz

1/2 Bd. Petersilie, 1 EL Dinkelgrieß

1/2 Bd. Basilikum

Für die Salzkartoffeln die Kartoffeln schälen und in Salzwasser mit Kümmel 15 bis 20 Minuten weich kochen. In der Zwischenzeit die Kräuter und Frühlingszwiebel fein hacken und in einer Schüssel mit Dinkelgrieß und Ei vermischen.

Die Forellenfilets salzen und pfeffern.

Die vorbereitete Fülle gleichmäßig auf den Filets verteilen und zu Rouladen formen.

Die Rouladen mit Zahnstocher fixieren.

Die Rouladen in eine Pfanne geben, mit 1 Tasse Gemüsebrühe übergießen und zugedeckt bei mittlerer Hitze 20 bis 25 Minuten garen.

Mit den Salzkartoffeln servieren.

Pochierte Entenbrust auf Linsengemüse

2 PORTIONEN

2 süße, weiche Birnen, 1 EL Sonnenblumenöl

Pfeffer, 1 Zwiebel

1 l Wasser (oder Gemüsebrühe), Salz, 1 Tasse rote (oder gelbe) Linsen

1 Entenbrust ohne Haut (ca. 300 g), 1–2 EL Balsamessig

einige Zweige Thymian

Die Entenbrust abspülen, trockentupfen, salzen und pfeffern. In einem Topf das Wasser (oder die Brühe) erhitzen und darin die Entenbrust zugedeckt 20 bis 25 Minuten auf mittlerer Flamme pochieren (= in kochendem Wasser gar werden lassen). In der Zwischenzeit Birnen waschen, vierteln und in Spalten schneiden. Linsen mit kaltem Wasser waschen, Zwiebel fein hacken. Die Entenbrust aus der Brühe nehmen und in Alufolie wickeln. Mit der halben Menge der Kochflüssigkeit die Linsen mit den Zwiebeln zustellen und 10 bis 15 Minuten weich kochen. Dann die Birnenspalten zugeben und weitere 3 bis 4 Minuten auf mittlerer Flamme garen.

Die Linsenmischung mit Sonnenblumenöl, Salz, Pfeffer, Thymian und Balsamessig abschmecken und auf einen Teller geben. Entenbrust in dünne Scheiben schneiden und darauf anrichten.

i INFO:

LINSEN gibt es in vielen Variationen – grüne, braune, gelbe und rote. Letztere sind bereits geschält und brauchen daher nur kurz gekocht werden. Sie zerfallen leicht und eignen sich sehr gut für Suppen, Pürees oder Aufstriche. Zum Würzen von Linsen eignen sich fast alle Gewürze: Basilikum, Fenchel, Koriander, Minze, Petersilie, Pfeffer, Senfkörner, Thymian, Ysop, Zwiebel und Knoblauch. Besonders gut passen auch Essig, Zitronensaft und Früchte wie Äpfel oder Birnen. Linsen stärken das Nieren-Qi, Milz und Bauchspeicheldrüse und tonisieren das Blut.

Gemüseeintopf mit Polenta

4 PORTIONEN

1 Tasse Polenta, 1 Kohlrabi, 1 Hand voll Fisolen, 2 Karotten, 1/2 Sellerieknolle, 1 EL Butter

Pfeffer, 1 Zwiebel

5–6 Tassen Wasser (oder Gemüsebrühe), Salz

1 Bd. Petersilie

1 Prise Curcuma (Gelbwurzel), 1 Prise Paprikapulver

Gemüse in mundgerechte Stücke schneiden.

Wasser (oder Gemüsebrühe) erhitzen, Gemüse und Polenta beigeben und ca. 20 Minuten auf mittlerer Flamme kochen.

Mit Gewürzen und etwas Butter abschmecken.

Petersilie fein hacken und den Eintopf damit garnieren.

Gemüserisotto

2 PORTIONEN

1 Tasse Rundkornreis, 2 EL Olivenöl, 2 Zucchini, 500 g grüner Spargel (oder anderes Gemüse der Saison), 1 EL Butter

1 TL Ingwer (frisch gerieben), Pfeffer

Salz, 2 EL Parmesan (gerieben)

2 Tomaten, 1/16 l Weißwein

1 Bd. Basilikum, 2–3 Tassen heißes Wasser (oder Hühnerbrühe)

Spargel und Zucchini waschen, Enden abschneiden und das Gemüse in 2 cm lange Stücke schneiden. Olivenöl in einem Topf erhitzen, 1 Tasse Rundkornreis dazugeben und andünsten. Nach und nach 2 bis 3 Tassen heißes Wasser (oder Hühnerbrühe) zugießen und 20 Minuten einkochen lassen. Klein geschnittene Zucchini und Spargel dazugeben und weitere 5 bis 7 Minuten dünsten. Die Tomaten in kleine Würfel schneiden, mit dem Weißwein und dem Ingwer unterrühren und die Reis-Gemüse-Mischung zugedeckt ausquellen lassen, bis der Reis weich ist.

Zerzupfte Basilikumblätter und ein Stück Butter unterrühren. Mit Pfeffer und Salz abschmecken und mit Parmesan bestreut servieren.

! TIPP:

Dieses Risotto schmeckt mit beliebig anderen Gemüsearten, z. B. Austernpilzen, Champignons, Chicorée, Karotten, Mangold oder Radicchio, genauso lecker.

Gefüllte Paprika

4 PORTIONEN

500 g gekochter Basmatireis, 4–5 Champignons, 4 Paprika (rot, grün oder gelb), 2 EL Olivenöl

Pfeffer

100 g gekochte Erbsen, Salz

je 1/4 Bd. Dill, Petersilie

je 1/4 Bd. Basilikum, Salbei

Paprika waschen, halbieren, Stielansatz und Kerne entfernen. Die Hälften auf ein Backblech legen.

Gekochten Reis mit Erbsen, fein gehackten Pilzen und Kräutern vermischen.

Mit Salz und Pfeffer abschmecken und in die Paprikahälften füllen.

Mit Olivenöl beträufeln und im Backofen bei 180 Grad auf mittlerer Schiene ca. 30 Minuten garen.

Kartoffelnudeln mit Karotten-Kohlrabi-Salat

4 PORTIONEN

1 kg mehlige Kartoffeln, 6 EL Weizengrieß, 160 g Weizenmehl, 2 Eier, 30 g Butter, Sesam, 1/2 kg Karotten, 2 Kohlrabi, 3 EL Sesamöl (oder Sonnenblumenöl)

Pfeffer

Salz

4 EL Essig

2 Hand voll Rucola

Die Kartoffeln 20 bis 25 Minuten weich kochen. In der Zwischenzeit Karotten und Kohlrabi in Stifte schneiden und in Salzwasser 10 bis 15 Minuten kochen. Backrohr auf 180 Grad vorheizen. Die gekochten Kartoffeln schälen und noch heiß durch die Kartoffelpresse drücken.

Kartoffeln mit Mehl, Grieß, Eiern und Salz zu einem Teig verarbeiten. Den Teig auf einer bemehlten Arbeitsfläche zu einer ca. 2 cm dicken Rolle formen und in 4 cm lange Stücke schneiden. Diese Nudeln in eine gebutterte Auflaufform geben, mit Butterflocken belegen und im Backofen 20 bis 25 Minuten backen.

Die gekochten Karotten- und Kohlrabistücke mit einer Marinade aus Sesamöl, Sesam, Pfeffer, Salz und Essig vermengen. Erst kurz vor dem Servieren den gewaschenen Rucola unterheben. Kartoffelnudeln heiß servieren und Karotten-Kohlrabi-Salat dazureichen.

Marinierte Champignons und Zucchini

4 PORTIONEN

2 Zucchini,
250 g Champignons,
2 EL Olivenöl

1 kleines Stück Ingwer (frisch gerieben), Pfeffer

Salz

1 Bd. Pfefferminze, Zitronensaft

4 Oliven

Zucchini in 5 cm lange Stifte schneiden.

Champignons waschen, größere Champignons halbieren.

Olivenöl in einer Pfanne erhitzen und zuerst die Champignons 5 Minuten auf mittlerer Flamme andünsten. Dann genauso mit den Zucchinistiften verfahren. Es ist wichtig, dass bei nicht zu starker Hitze gebraten wird. Das Gemüse soll nur leicht gedünstet werden.

Oliven und Minze fein hacken und mit frisch geriebenem Ingwer, Pfeffer, Salz und Zitronensaft eine Marinade zubereiten.

Die beiden Gemüse damit marinieren und servieren.

Rucola-Tomaten-Salat

2 PORTIONEN

- 2 EL Rapsöl, 2 TL Sesam, 2 TL Kürbiskerne
- Pfeffer
- Salz
- 2 Tomaten, 3 EL Apfelessig
- 1 Hand voll Rucola

Tomaten in kleine Würfel und Rucola in mundgerechte Stücke schneiden.

Aus den restlichen Zutaten eine Marinade herstellen, den Salat damit marinieren und mit Kürbiskernen bestreut servieren.

!! EXTRA-TIPP:
Für die Marinadenherstellung am besten einen Mörser verwenden, damit die Sesamschalen zerquetscht werden. Die wertvollen Inhaltsstoffe werden so bei der Verdauung besser verwertet.

Apfelsuppe

2 PORTIONEN

1 EL Rosinen, 1 EL Rohzucker, 1/2 TL Bourbon-Vanille (oder Mark aus einer Vanilleschote), 2 EL Mandelblättchen, 1 TL Zimt (gemahlen)

1 TL Ingwer (frisch gerieben)

Salz

1 kg säuerliche Äpfel, Saft von einer Zitrone

2 Tassen Wasser

Äpfel vierteln, Kerngehäuse entfernen und in grobe Stücke schneiden.

In einem Topf das Wasser erhitzen, darin die Apfelstücke mit dem Zitronensaft, Zimt, Rosinen, Ingwer, Salz, Vanille und Zucker vermischen und weich kochen.

Dieses Kompott dann pürieren oder passieren.

In Schälchen mit Mandelblättchen dekoriert servieren.

Brombeercreme

4 PORTIONEN

1/4 l Schlagobers,
1/2 Vanilleschote,
2 EL Vollrohrzucker

1 Prise Salz

250 g Brombeeren,
einige Blättchen Minze
(oder Zitronenmelisse)

2 EL Mohn (gemahlen)

Schlagobers mit Zucker, ausgekratztem Mark der Vanilleschote und 1 Prise Salz steif schlagen.

Dann vorsichtig die Brombeeren und den Mohn unterheben.

In Schalen anrichten und nach Belieben mit Minze (oder Zitronenmelisse) dekorieren.

trockenheit

Blut- und Säftemangel

TROCKENHEIT: Blut- und Säftemangel

In der üppigen Welt des Nahrungsüberflusses sind wir damit konfrontiert, dass immer mehr Menschen zu wenig „Substanz" aufbauen. Grund dafür sind meist Ernährungsfehler, chronische Überforderung und intellektuelle Überanstrengung.

Unser hektisches Leben, die täglichen „Über"forderungen, stundenlange Bildschirmarbeit und fehlender Ausgleich dazu „trocknen" uns aus. Auch viele Vegetarier sind davon betroffen – bedingt durch Eiweiß- und Vitalstoffmangel, weil die pflanzliche Ernährung nicht durch hochwertige Zutaten wie Hülsenfrüchte, Nüsse oder Samen aufgewertet wird. Gehen Sie folgende Checkliste durch. Wenn Sie die Mehrzahl der Symptome bei sich wieder erkennen, dann sollten Sie die Hinweise und Rezepte der nachfolgenden Seiten ausprobieren. Gerade im Hinblick auf die Zukunft ist es wichtig, hier rechtzeitig gegenzusteuern – so können Sie vorbeugen und Ihre „Substanz" (im weitesten Sinne auch Essenz, siehe Seite 14) schützen und wieder auffüllen. Sie werden sich kräftiger, aktiver – einfach gesunder fühlen!

	JA	NEIN
Sind Sie sehr blass?	☐	☐
Sind Sie VegetarierIn?	☐	☐
Sind Sie ständig müde?	☐	☐
Wird Ihnen häufig schwindlig, wenn Sie schnell aufstehen?	☐	☐
Sind Sie sehr sensibel, dünnhäutig, leicht verletzlich?	☐	☐
Leiden Sie unter Haarausfall, trockenem, brüchigem Haar?	☐	☐
Haben Sie trockene, eingerissene Mundwinkel?	☐	☐
Haben Sie häufig eingeschlafene Hände und/oder Füße?	☐	☐
Sind Ihre Augen sehr lichtempfindlich?	☐	☐
Sind Sie nachtblind? Sehen Sie unscharf?	☐	☐
Waren Sie länger chronisch krank?	☐	☐
Arbeiten Sie täglich viele Stunden am Bildschirm?	☐	☐
Haben Sie starken Kummer und/oder Angstgefühle?	☐	☐
Haben Sie abends oder nachts häufig Herzklopfen?	☐	☐
Können Sie schwer einschlafen?	☐	☐
Träumen Sie sehr stark? Sind Sie unruhig im Schlaf?	☐	☐
Sind Sie sehr schreckhaft?	☐	☐
Sind Sie vergesslich? Haben Sie ein schlechtes Gedächtnis?	☐	☐
Haben Sie kürzlich ein Kind geboren?	☐	☐
Ist Ihre monatliche Periode sehr schwach?	☐	☐
Ist Ihr Zyklus verlängert bzw. bleibt Ihre Periode aus?	☐	☐

Wohlfühl-Rezepte zum Aufbau von Blut und Säften: dem Körper „Substanz“ geben

Allgemeine Tipps

Blut- und Säftemangel ist verstärkt bei Frauen anzutreffen. Ein klassischer „Substanz“-Verlust ist nach der Geburt gegeben – Frauen brauchen hier durch ihre Ernährung besondere Unterstützung, damit sie rasch wieder zu Kräften kommen.

Blut wird nach traditioneller chinesischer Vorstellung primär in der Milz gebildet. Die Ursache für einen Blutmangel (nicht zu verwechseln mit dem „westlichen“ Krankheitsbild der Anämie) liegt daher in vielen Fällen bei einer „schwachen Mitte“ (siehe Seite 54). Eine bekömmliche Nahrung ist daher wichtig, damit diese vollständig transformiert (umgewandelt) werden kann und so körpereigene Substanzen (Blut und Säfte) aufgebaut werden. Besonders wichtig ist, die „Trockenheit“ nicht zu verstärken, d. h., Sie sollten alles vermeiden, was Ihren Körper zusätzlich austrocknet, wie z. B. scharfe Gewürze, Knoblauch, Kaffee, Schwarztee oder hochprozentigen Alkohol. Die Kochmethoden sollten „saftig“ sein: kurzes Dünsten, Blanchieren, Kompotte, Suppen, Eintöpfe mit viel Gemüse und Saucen mit einer kleinen Menge Schlagobers oder Sauerrahm. Eine Auswahl an erfrischenden, saftigen und besonders blutbildenden Lebensmitteln – hervorragend geeignet sind alle Beeren und grüne Gemüse – macht Sie mit farbenfrohen Speisen wieder aktiv und leistungsfähig.

Die roten Farbstoffe in den Beeren sind besonders für den Aufbau von „Blut und Säften“ in unserem Körper geeignet

„Saftige" Zutaten

Folgende Zutaten sind **besonders wichtig** und sollten in möglichst vielen Mahlzeiten vorkommen:

GETREIDE	Gerste, Hirse, Langkornreis, Polenta, Weizen
HÜLSENFRÜCHTE	Bohnen, Linsen
GEMÜSE	alle Blattsalate, alle grünen Gemüse wie Brennnessel, Broccoli, Chinakohl, Karotten, Kohlrabi, Mangold, Radieschen, Rote Rüben, Rotkraut, Spargel, Spinat, Sprossen, Tomaten, Vogerlsalat, Weißkraut, Wurzelgemüse, Zucchini
OBST	Äpfel, Birnen, Brombeeren, Heidelbeeren, Himbeeren, Kirschen, Marillen, Pfirsiche, Ribiseln, Stachelbeeren, Schwarze Johannisbeeren, rote Trauben, Zwetschken
FLEISCH	Huhn, Leber vom Lamm und Rind
FISCH	Süßwasserfische
KRÄUTER/GEWÜRZE	alle frischen Küchenkräuter wie Basilikum, Dill, Koriander, Kresse, Petersilie, Sauerampfer
GETRÄNKE	naturtrüber Apfelsaft, Birnensaft, Saft aus Holunderbeeren und Johannisbeeren, Marillensaft, Pfirsichsaft, roter Traubensaft; Brennnesseltee, Früchtetee, Kräutertee, Petersilientee
NÜSSE UND SAMEN	Haselnüsse, Walnüsse, Kürbiskerne, Pinienkerne, Sonnenblumenkerne, Pistazien, Sesam, schwarzer Sesam
SONSTIGES	Ei, Vollrohrzucker, Borretschöl, Leinöl, Nachtkerzenöl, Olivenöl, Sesamöl, Gelée royale; täglich kleine Mengen Eiweiß in Form von Fleisch, Ei oder Hülsenfrüchten; Milchprodukte in kleinen Mengen als Ergänzung zu den Speisen

Das sollten Sie vermeiden!

- x Frühstück bzw. Mahlzeiten ausfallen lassen
- x Unregelmäßige Essenszeiten
- x Sehr spät am Abend essen
- x Trockene Nahrung (Brotmahlzeiten), sehr salzige Speisen (Kartoffelchips o. Ä.)
- x Gegrilltes, Geräuchertes oder Geröstetes
- x Denaturierte Nahrung: Konserven, Fertigsaucen, Light-Produkte, Süßstoff, Margarine
- x Bitter austrocknende Nahrungs- und Genussmittel: Kakao, Kaffee, Rotwein, Schwarztee, scharfe Gewürze (Chili, Cayennepfeffer), Kräuter der Provence
- x Rauchen
- x Koffeinhaltige, aufputschende Getränke (Energy-Drinks)

Wohlfühl-TIPP:

Trinken Sie täglich 1 bis 2 Tassen Petersilientee. Einfach eine Hand voll frischer Petersilie mit einem Liter kochendem Wasser übergießen und zugedeckt 10 Minuten ziehen lassen.

!! EXTRA-TIPP:

Verwenden Sie von Kohlrabi, Radieschen und Roten Rüben auch die Blätter und Stiele. Sie sind, wenn sie frisch und saftig sind, noch wertvoller als die Früchte selbst und eignen sich gut als Suppeneinlage oder als Salat.

Hirse mit Brombeeren
(oder anderem saisonalem Obst)

2 PORTIONEN

1 Tasse Hirse,
2 EL Walnüsse (gemahlen),
1 EL Leinöl, 2 EL Honig

1 TL Ingwer
(frisch gerieben)

1 Prise Salz

200 g Brombeeren,
Saft von einer Zitrone,
einige Blätter Zitronenmelisse

2 Tassen Wasser

Wasser in einem Topf erhitzen und Hirse darin aufkochen. Walnüsse beigeben und Hirse auf kleiner Flamme zugedeckt 10 bis 15 Minuten weich kochen.

Hirse mit Honig, frisch geriebenem Ingwer, Salz und Zitronensaft abschmecken und noch weitere 10 Minuten ausquellen lassen.

In der Zwischenzeit Brombeeren waschen und Zitronenmelisse fein hacken.

Hirse mit Brombeeren und Zitronenmelisse vermischen und mit Leinöl beträufeln.

!! EXTRA-TIPP:
Die Hirse kann gut am Abend vorgekocht werden. Am Morgen einfach kurz erwärmen, mit Brombeeren und Melisse vermischen und servieren.

Kartoffelsuppe mit Zucchini

4 PORTIONEN

300 g Kartoffeln, 700 g Zucchini, 2 EL Olivenöl, 2 EL Pinienkerne

1 Zwiebel, Pfeffer, 1/2 Bd. Dill, Muskat

Salz

Saft von einer Zitrone

1/2 TL Curcuma (Gelbwurzel)

Die Kartoffeln schälen und gemeinsam mit den Zucchini in grobe Stücke schneiden. Die Zwiebel fein hacken.

In einem großen Topf Wasser erhitzen, Kartoffeln, Zucchini und Zwiebel beigeben.

Zugedeckt 15 bis 20 Minuten das Gemüse weich kochen.

Die Suppe anschließend pürieren und mit Pfeffer, Salz, Zitronensaft, Muskat und Curcuma würzen.

Pinienkerne in einer heißen Pfanne ohne Fett unter ständigem Rühren kurz anrösten.

Die Suppe in Teller füllen, mit gehacktem Dill und einigen Pinienkernen bestreuen und als Abschluss mit einigen Tropfen Olivenöl beträufeln.

Hühnerleber mit Balsamäpfeln

2 PORTIONEN

30 dag Hühnerleber, 1 EL Honig, 2 EL Vollrohrzucker, 1 EL Butter, 2 EL Olivenöl

1 rote Zwiebel, Pfeffer

Salz

4 EL Balsamessig, 1 säuerlicher Apfel

2 Wacholderbeeren

Apfel schälen, entkernen und in kleine Würfel schneiden. Butter in einer Pfanne erhitzen und darin Honig und Zucker karamellisieren lassen. Die Apfelwürfel und Wacholderbeeren zugeben und kurz dünsten, die Apfelwürfel sollten aber nicht zerfallen.

Diese Mischung mit 2 EL Balsamessig beträufeln, nach Belieben mit Salz und Pfeffer abschmecken.

Die Leber sorgfältig putzen und halbieren. Zwiebel in feine Ringe schneiden. Das Olivenöl in einer weiteren Pfanne erhitzen, Zwiebelringe kurz andünsten und dann die Leber zugeben. Auf jeder Seite die Leber 1 bis 2 Minuten anbraten.

Mit weiteren 2 EL Balsamessig, Salz und Pfeffer abschmecken.

Leber und Apfelwürfel auf einem Teller anrichten und sofort servieren.

Kartoffel-Kürbis-Auflauf

4 PORTIONEN

1 kleiner Hokkaido-Kürbis, 500 g Kartoffeln, 3 Eier, 3 EL Emmentaler (gerieben)

Pfeffer, Muskat, 1 Zwiebel, 1 TL rosa Pfefferkörner

Salz, 2 Tassen Wasser

1/4 l Sauerrahm, 1/2 Bd. Petersilie

1/2 Bd. Ysop

Kürbis halbieren, entkernen, schälen und in grobe Stücke schneiden.

Kartoffeln schälen und in Scheiben schneiden.

In einem Topf Wasser erhitzen und darin Kürbis und Kartoffeln 10 bis 15 Minuten weich dünsten.

Kurz vor Ende der Kochzeit eine klein gehackte Zwiebel beigeben.

Das Gemüse dann in eine Auflaufform geben und etwa 1/2 Tasse Kochflüssigkeit mit Muskat, Pfeffer, im Mörser zerstoßenen rosa Pfefferkörnern, Salz, Sauerrahm, Eiern und fein gehackten Kräutern vermischen.

Diese Mischung über das Gemüse gießen, mit 3 EL geriebenem Emmentaler bestreuen und im Backofen bei 180 Grad auf mittlerer Schiene ca. 30 Minuten backen.

Polenta-Gemüse-Torte

4–6 PORTIONEN

2 Tassen Polenta, Gemüse der Saison (Broccoli, Karotten, Kohlrabi, Mangold, Spargel, Spinat, ...), 1 Ei, 2 EL Olivenöl

1 kleines Stück Ingwer (frisch gerieben), Pfeffer, 1 Prise Muskat, 2 Frühlingszwiebeln

Salz, 4–5 Tassen Wasser

1/2 Bd. Petersilie, Saft von einer Zitrone, 1/4 l Sauerrahm, 1 TL Zitronenschale (gerieben)

1 Prise Paprikapulver

Wasser erhitzen, Polenta mit einem Schneebesen einrühren und 7–10 Minuten weich kochen. Die Polenta mit frisch geriebenem Ingwer, gehackter Petersilie, Salz und Zitronensaft abschmecken und ausquellen lassen. In der Zwischenzeit Gemüse putzen und in mundgerechte Stücke schneiden. In einer Pfanne Olivenöl erhitzen und Gemüse kurz darin andünsten. Frühlingszwiebeln in Ringe schneiden und zugeben. Mit Muskat, Paprikapulver und Salz abschmecken.

Die Polenta mit 1 Ei vermischen und in eine mit Öl ausgestrichene Tortenform oder auf ein Backblech streichen.

Die Masse gleichmäßig verteilen und dabei einen etwas höheren Rand machen. Gemüse darauf verteilen und mit einer Mischung aus Sauerrahm und geriebener Zitronenschale übergießen.

Bei 200 Grad im Backofen etwa 30 Minuten backen. Damit das Gemüse nicht zu sehr austrocknet, mit Backpapier oder Alufolie locker abdecken.

i INFO:

MAIS ist ein schneller und guter Energiespender, er enthält keinen Getreidekleber. Neben dem ganzen Maiskolben ist besonders der Maisgrieß (Polenta) eine wichtige Zutat in der Küche. Mais nährt die Nieren, das Qi sowie das Blut, reguliert die Körperflüssigkeiten und harmonisiert den Magen. Aus westlicher Sicht ist Mais besonders reich an Eisen, Phosphor, Vitamin B1, B2, B6 und E, Kalzium, Kalium und Selen.

Saftige Quinoa mit gedünstetem Chicorée

2 PORTIONEN

1 Tasse Quinoa, 1 TL Vollrohrzucker, 2 EL Olivenöl, 1/8 l Schlagobers

Pfeffer

Salz, 2 Tassen Wasser

1/2 Bd. Petersilie, Saft von 1/2 Zitrone

2 Stück Chicorée

Wasser in einem Topf erhitzen, Quinoa zugeben, aufkochen und 15 Minuten auf kleiner Flamme ausquellen lassen.

Chicorée waschen und der Länge nach halbieren. In einer Pfanne Olivenöl erhitzen und Chicorée-Hälften darin anbraten. Vollrohrzucker zugeben und mit Salz und Pfeffer abschmecken. Mit Zitronensaft ablöschen.

Schlagobers in Quinoa einrühren, mit Salz und Pfeffer würzen und mit gehackter Petersilie vermischen.

Quinoa auf einem Teller mit je 2 Chicorée-Hälften anrichten.

! TIPP:
Als Variante können Sie klein geschnittenen Rucola in die Quinoa unterrühren.

i INFO:
QUINOA kommt aus Lateinamerika, ist aber heute bereits überall erhältlich. Die Quinoapflanze wird nicht ohne Grund als das „Gold der Inkas" bezeichnet. Sie weist große Mengen an Vitaminen, Mineralien und Spurenelementen auf. Die Wirkung von Quinoa ist leicht wärmend und für den ganzen Körper nährend. Durch Mahlzeiten mit Quinoa wird die Energie der Nieren und des Perikards (Herzbeutels) besonders gestärkt.

Spinat-Hühner-Salat mit Kernöl

2 PORTIONEN

500 g frischer Blattspinat, 4–5 EL Kürbiskernöl, 1 EL Kürbiskerne (gehackt)

Pfeffer

Salz

200 g Hühnerfleisch (Hühnerbrust, gekocht), 3 EL Essig

einige Blätter Radicchio, Endiviensalat oder Rucola

Blattspinat waschen, grobe Stiele entfernen und mit kochendem Wasser übergießen (kurz blanchieren).

Aus dem Kürbiskernöl, Pfeffer, Salz und Essig eine Marinade zubereiten.

Das gekochte Hühnerfleisch und die Salatblätter in mundgerechte Stücke zerteilen.

Spinat, Hühnerfleisch und den Salat mit der Marinade vermischen.

Mit gehackten Kürbiskernen bestreut servieren.

Bohnensalat mit Frühlingskräutern

4 PORTIONEN

4 EL Kürbiskernöl

2 Frühlingszwiebeln, Pfeffer

200 g Wachtelbohnen (eingeweicht und weich gekocht – siehe Hinweise Seite 46), Salz

1 Bd. Petersilie, 1 Hand voll Brunnenkresse (oder Kapuzinerkresse), 4 EL Weißweinessig

250 g junge Brennnesselblätter und -spitzen

Für die Zubereitung der Salatsauce eine Pfanne erhitzen und darin das Kürbiskernöl auf kleiner Flamme erwärmen. Frühlingszwiebeln fein ringelig schneiden, Brennnesselblätter grob hacken und beides im Kürbiskernöl 3 bis 4 Minuten dünsten.

In der Zwischenzeit die anderen Kräuter fein hacken, mit dem Weißweinessig und den restlichen Gewürzen in die Pfanne zu den Zwiebeln und Brennnesseln geben und eine Marinade zubereiten. Die gekochten und abgeseihten Bohnen vorsichtig unterheben. Mit den Brennnesselspitzen dekorieren und sofort lauwarm servieren.

i INFO:

Unter den Kräuterpflanzen hat die BRENNNESSEL durch ihren hohen Gehalt an Vitamin A und C, Kalium, Kalzium, Eisen und Kieselsäure einen sehr hohen Stellenwert. Verwenden Sie am besten frische Brennnesseln, welche Sie im Frühjahr und Sommer im Garten oder bei Ihren Spaziergängen sammeln. In Drogerien/Apotheken sind Brennnesseln getrocknet erhältlich, daraus können Sie das ganze Jahr über Tee zubereiten. Die Brennnessel hat eine positive Wirkung auf die Nieren, die Blase und den Dickdarm. Sie wirkt ausleitend, tonisiert das Qi von Milz/Bauchspeicheldrüse, bewegt das Leber-Qi und ist blutbildend.

Kräutersalat

4 PORTIONEN

1 Hand voll Mangold,
1 Hand voll Spinatblätter,
200 g Champignons,
6 EL Sonnenblumenöl,
4 EL Weißweinessig

1 kleines Stück Ingwer (frisch gerieben), Pfeffer

Salz

1 Hand voll Eiskraut,
Saft von einer Zitrone

1 Hand voll Löwenzahnblätter

Champignons waschen und in feine Scheiben schneiden. In einer Pfanne 2 EL Sonnenblumenöl erhitzen und Champignons darin 5 Minuten weich dünsten.

In der Zwischenzeit die grünen Salate waschen, in mundgerechte Stücke schneiden und portionsweise auf Tellern oder in kleinen Schüsseln anrichten.

Die Champignonmischung mit den restlichen Zutaten verrühren und über den Salat als Dressing geben.

i INFO:
Das EISKRAUT oder auch KRISTALLKRAUT ist immer öfter auf (Bio-)Märkten zu finden. Es ist durch sein Äußeres – ein Aussehen, als ob frischer Morgentau oder Eiskristalle auf den Blättern liegen würden – sehr dekorativ und eignet sich als Zutat zu Sommersalaten. Ursprünglich kommt das Eiskraut aus Südafrika, stellt aber immer mehr ein Nischenprodukt im heimischen Salatangebot dar.

Roter Rübensalat mit Kren

2 PORTIONEN

- **2 EL Rapsöl**
- **2 EL Kren (frisch gerieben), Pfeffer**
- **Salz**
- **2 EL Rotweinessig**
- **1 Hand voll Rucola, 2 Rote Rüben (gekocht)**

Die gekochten Roten Rüben schälen und in kleine Würfel schneiden oder mit der Gemüsereibe grob reiben.

Rucola waschen und in mundgerechte Stücke schneiden.

Rucola mit den Roten Rüben vermischen und in einer Schüssel oder auf einem Teller anrichten.

Aus den restlichen Zutaten eine Marinade zubereiten und den Salat damit übergießen.

Früchte aus dem Backofen

4 PORTIONEN

ca. 1 kg Früchte der Saison (z. B. Pfirsiche, Marillen und/oder Heidelbeeren, Ribiseln, Brombeeren, Zwetschken)

1 Tasse Vollrohrzucker, 1 Vanilleschote

1 TL Kardamom (gemahlen)

Salz

Saft von einer Zitrone

1 EL Cognac (oder Rum)

In einer ofenfesten Schüssel mundgerechte Stücke der Früchte und die Beeren verteilen.

Eine Mischung aus Vanillezucker (siehe Extra-Tipp), Cognac (oder Rum), gemahlenem Kardamom, Zitronensaft und einer Prise Salz zubereiten.

Das Obst mit dieser Mischung übergießen und vorsichtig vermischen.

Die Früchte im Backofen bei 170 Grad etwa 25 Minuten backen.

! TIPP:
Die gebackenen Früchte schmecken besonders gut mit einer Portion Schlagobers.

!! EXTRA-TIPP:
Sie können Vanillezucker ganz einfach selbst zubereiten: 1 Vanilleschote in 2 bis 3 cm lange Stücke schneiden und in der Küchenmaschine mit 1 Tasse Vollrohrzucker fein mahlen. Den Vanillezucker in ein Glas sieben und die Rückstände mit einer weiteren Tasse Zucker nochmals fein mahlen und absieben. Die Reste der Vanilleschote wegwerfen.

Heidelbeermuffins

4 PORTIONEN

125 g Weizenmehl, 3 EL Honig, 1/2 Vanilleschote, 1 TL Weinstein-Backpulver, 1/2 Tasse Sonnenblumenöl, 1 Ei

1 TL Ingwer (frisch gerieben)

1 Prise Salz

125 g Joghurt, 200 g Heidelbeeren

1 EL Kakao

Alle Zutaten – bis auf die Heidelbeeren – in einer Schüssel zu einem glatten Teig verrühren. Zum Schluss vorsichtig die Heidelbeeren unterheben. Den Teig entweder in die Mulden eines Muffinblechs oder in Papierkörbchen füllen und auf ein Backblech stellen. Die Papierkörbchen am besten doppelt nehmen, dann bleibt die Form stabiler.

Im vorgeheizten Backofen bei 180 Grad etwa 20 bis 25 Minuten auf mittlerer Schiene backen.

! TIPP:

Muffins sind wegen der geringen Backdauer ideal zum überraschend angemeldeten Kaffeebesuch. Die Zutaten sind in der Regel fast immer vorrätig und in 5 Minuten zusammengerührt. Lassen Sie sich inspirieren von dem, was Sie gerade da haben: Geben Sie z. B. 1 Esslöffel Kokosflocken, gemahlene Mandeln oder Haselnüsse oder ein paar Stückchen Schokolade dazu. Mit mehr Kakao werden es dann echte Schokomuffins. Würzen Sie z. B. mit Zimt, Muskat, Anis oder Lebkuchengewürz oder geben Sie frische Beeren, Apfelstücke, Kirschen u. Ä. dazu. Ihrer Phantasie sind dabei keine Grenzen gesetzt!

Kirschpfannkuchen

2 PORTIONEN

250 g Kirschen, 2 Eier, 1 EL Vollrohrzucker (oder Honig), 1 Vanilleschote, 3 EL Sonnenblumenöl, Zimt (gemahlen)

1/2 TL Ingwer (frisch gerieben)

Salz

einige Blätter frische Zitronenmelisse (oder Minze), 1 EL Weizenmehl

Kakao

Kirschen halbieren und entkernen.

Die Eier trennen und Eiklar mit dem Zucker zu festem Schnee schlagen. Eidotter, Mehl, je eine Prise Salz, Kakao, ausgekratztes Vanillemark, Ingwer und Zimt vorsichtig unterziehen.

In einer beschichteten Pfanne das Öl erhitzen und mit einem Esslöffel kleine Portionen der Teigmasse in die Pfanne streichen.

Diese Pfannkuchen mit Kirschen belegen und bei mittlerer Hitze backen.

Nach 3 bis 4 Minuten vorsichtig umdrehen und auch die zweite Seite backen.

Die fertigen Kirschpfannkuchen warm – mit Melisseblättern und einigen Kirschen garniert – servieren.

Zwetschkenkompott

4 PORTIONEN

1 kg Zwetschken, 2 süße Äpfel, 1 Tasse Vollrohrzucker, 2 Zimtstangen, 4 Nelken, 2 Sternanise

1 TL Ingwer (frisch gerieben)

2 Tassen Wasser

Saft von einer Zitrone

1 Prise Kakao

Zwetschken waschen, halbieren und entkernen.

Äpfel schälen, Kerngehäuse entfernen und in kleine Stücke schneiden.

In einem großen Topf das Wasser mit den Früchten, dem Zucker und den Gewürzen aufkochen und auf mittlerer Flamme 10 bis 15 Minuten einkochen lassen. Dabei ständig umrühren, damit das Kompott nicht anbrennt, bei Bedarf weitere Flüssigkeit zugeben.

Das Kompott dann heiß in Schraubgläser abfüllen und nach dem Abkühlen im Kühlschrank aufbewahren. So haben Sie immer eine süße Zwischenmahlzeit oder eine Beilage zu einem Getreidefrühstück verfügbar.

feuchtigkeit

Übergewicht und Stagnation

FEUCHTIGKEIT: Übergewicht und Stagnation

Übergewicht ist aus Sicht der Traditionellen Chinesischen Medizin häufig auf falsche Ernährungsgewohnheiten zurückzuführen. Ein Übermaß an stark kühlenden Lebensmitteln – große Mengen Rohkost, Milchprodukte und Süßigkeiten – schwächt die „Mitte".

Die Transformation (Umwandlung) der aufgenommenen Nahrung läuft durch die geschwächte Verdauungskraft unvollständig ab und die Entstehung von Schleim und Feuchtigkeit wird begünstigt. Antriebsschwäche, Müdigkeit, Verdauungsstörungen und Schweregefühl im Körper sind häufige Symptome. Zusätzlich sind Stagnationen (Stau) mit eine Ursache, dass es mit dem Abnehmen nicht so klappt, wie es soll. Die Ursache dafür liegt meist bei einer stark angespannten Leber und Gallenblase. Gehen Sie folgende Checkliste durch. Wenn Sie die Mehrzahl der Symptome bei sich wieder erkennen, dann sollten Sie die Hinweise und Rezepte der nachfolgenden Seiten ausprobieren. Auch hier können Sie durch das Vermeiden von ungünstigen Gewohnheiten viel erreichen. Die Auswahl an Lebensmitteln, die Ihre „Mitte" stärken und die Verdauungskraft ankurbeln, ist groß – so wird sogar das Abnehmen zum Genuss!

	JA	NEIN
Haben Sie Übergewicht?	☐	☐
Haben Sie häufig geschwollene Hände und/oder Füße?	☐	☐
Haben Sie häufig schwere Beine?	☐	☐
Haben Sie selten Durst? Trinken Sie nur in kleinen Schlucken?	☐	☐
Sind Sie niedergeschlagen und antriebslos?	☐	☐
Essen Sie viele Milchprodukte?	☐	☐
Essen Sie überwiegend Rohkost?	☐	☐
Haben Sie bereits Diäten gemacht?	☐	☐
Haben Sie häufig Gelüste auf Süßes? Essen Sie viele Süßigkeiten?	☐	☐
Sind Sie oft frustriert und können Ihre Gefühle nicht äußern?	☐	☐
Haben Sie das Gefühl, „einen Knödel im Hals" zu haben?	☐	☐
Räuspern Sie sich häufig?	☐	☐
Haben Sie oft ein Völlegefühl und Blähungen?	☐	☐
Wechselt Ihre Verdauung zwischen Durchfall und Verstopfung?	☐	☐
Haben Sie ein Spannungsgefühl bzw. Schmerzen im Rippenbogen oder Bauchraum?	☐	☐
Haben Sie Knoten, die kommen und gehen? Zysten? Myome?	☐	☐
Sind Sie häufig gereizt und verärgert?	☐	☐
Haben Sie Ihre Periode unregelmäßig?	☐	☐
Kennen Sie die typischen prämenstruellen Symptome (PMS) wie Brustspannen, Gereiztheit, Krämpfe?	☐	☐

Wohlfühl-Rezepte zum Ausleiten von Feuchtigkeit und zum Lösen der Stagnation: genussvolles und gesundes Abnehmen

Allgemeine Tipps

Die Ernährungstherapie besteht bei Übergewicht einerseits darin, die bereits vorhandene Feuchtigkeit auszuleiten und neue Feuchtigkeit zu verhindern, und andererseits, für Entspannung zu sorgen. Der erste Punkt, das Ausleiten von Feuchtigkeit, erfordert Konsequenz über mehrere Wochen: keine Milchprodukte, keine Süßigkeiten, kein Zucker und keine Brotmahlzeiten (besonders das frisch gebackene, feuchte Brot lässt auch im Körper durch den unvollständigen Verdauungsprozess Feuchtigkeit entstehen). Dazu kommen spezielle Lebensmittel, die Feuchtigkeit besonders gut transformieren (umwandeln) und ausleiten, wie z. B. Reis, Gerste, Bohnen und zahlreiche Gewürze. Für Entspannung sorgen Blütentees, erfrischende Zutaten (wie z. B. Stangensellerie, Kohlrabi) und ausgleichende – entstauende – Tätigkeiten wie Singen, Tanzen, Trommeln, lange Spaziergänge in der Natur. Ein neues Wohlbefinden und einige Kilos weniger sind Ihr Erfolgsfaktor.

Zutaten zum Ausleiten von Feuchtigkeit und zum Lösen von Stagnation

Folgende Zutaten sind **besonders wichtig** und sollten in möglichst vielen Mahlzeiten vorkommen:

GETREIDE	Buchweizen, Gerste, Hirse, Polenta, Reis
HÜLSENFRÜCHTE	Adukibohnen, Linsen
GEMÜSE	alle bitteren Blattsalate (z. B. Chicorée, Radicchio), alle frischen grünen Gemüse, Artischocken, Fenchel, Frühlingszwiebeln, Karotten, Kohlrabi, Kraut, Kürbis, Löwenzahn, Melanzani, Radieschen, Rettich, Stangensellerie
OBST	Äpfel, Brombeeren, Erdbeeren, Heidelbeeren, Himbeeren, Kirschen, Marillen, Pfirsiche, Zitronen (zum Mitkochen)

FLEISCH – in kleinen Mengen	Huhn, Ente, Fasan, Lamm, Pute, Wild
FISCH	Süßwasserfische
KRÄUTER/GEWÜRZE	Sprossen von Bockshornklee, Radieschen, Rettich, Senfsamen; Basilikum, Curcuma (Gelbwurzel), Dill, frischer Ingwer, Kardamom, Koriander (auch als frisches Grün), Kren, Kümmel, Liebstöckel, Lorbeer, Majoran, Oregano, Pfeffer, Rosmarin, Salbei, Thymian, Wacholderbeere
GETRÄNKE	heißes Wasser, Getreidekaffee mit Kardamom, Gerstenwasser; Blütentees (Lavendel, Orangenblüten, Ringelblumen, Rosenblüten), Tee aus Gewürzen (Bohnenkraut, Rosmarin, Thymian, Salbei), Grüner Tee, Kräutertees (einzeln oder gemischt): Artischockenkraut, Birkenblätter, Brennnesseln, Brombeerblätter, Himbeerblätter, Melisse, Pfefferminze, Schafgarbe, Wermut; Maishaartee, Zinnkrauttee (Schachtelhalmtee)
NÜSSE UND SAMEN	Kürbiskerne, Sonnenblumenkerne
SONSTIGES	Gerstenmalz, Löwenzahnsaft, milchsaures Gemüse (Sauerkraut)

Das sollten Sie vermeiden!

- x Frühstück bzw. Mahlzeiten ausfallen lassen
- x Essen unter Zeitdruck, unter Stress, anstrengende Diskussionen beim Essen
- x Sehr spät am Abend essen bzw. abendliche Fleischmahlzeiten
- x Paniertes, Gegrilltes, Frittiertes, Überbackenes
- x Denaturierte Nahrung: Konserven, Fertigsaucen, Light-Produkte, Süßstoff, Margarine
- x Bitter austrocknende Nahrungs- und Genussmittel: Kakao, Kaffee, Rotwein, Schwarztee, scharfe Gewürze (Chili, Cayennepfeffer), Kräuter der Provence, Knoblauch
- x Eisgekühlte Getränke zum Essen
- x Rohkost- und Milchprodukte als eigenständige Mahlzeit
- x Saure Getränke (Früchtetee, Fruchtsäfte, Orangensaft, Soda mit Zitronensaft), Zitrusfrüchte
- x Zucker, Süßigkeiten, Schokolade

Wohlfühl-TIPP:

Gerstenwasser, das ideale Getränk zum Ausleiten von Feuchtigkeit und zum Lösen von Stagnation. Kochen Sie eine halbe Tasse Gerstenkörner in 1,5 bis 2 Liter Wasser eine Stunde lang. Die eingekochte Flüssigkeit – das Gerstenwasser – können Sie nach Belieben mit wenig Gerstenmalz süßen. Trinken Sie davon 1 bis 2 Tassen täglich. Die weich gekochte Gerste eignet sich gut als Basis für einen Gemüsesalat oder Obstsalat.

Gerstenbrei

2 PORTIONEN

1 Tasse Gerste, 1 EL Gersten- oder Reismalz,1 EL Sonnenblumenkerne

2 Scheiben Ingwer (ungeschält), 3 Kardamomkapseln

Salz, 10 Tassen Wasser

250 g frische Beeren nach Belieben (Heidelbeeren, Himbeeren u. Ä.), einige Pfefferminz- oder Melissenblätter zum Garnieren

1 Prise Kakao

Eine Tasse Gerste mit 10 Tassen Wasser, Ingwer und Kardamomkapseln in einem großen Topf aufkochen. Topf mit einem Deckel fest verschließen und auf kleiner Flamme etwa 2 Stunden lang kochen.

Für 2 Portionen vom gekochten Gerstenbrei etwa 2 Schöpflöffel in eine Schüssel geben. Mit Sonnenblumenkernen, Malz, Kakao und einer Prise Salz verrühren. Frische Beeren in den Brei rühren und mit frischer Minze (oder Melisse) bestreut servieren.

!! EXTRA-TIPP:

Der vorgekochte Gerstenbrei (ohne Früchte) kann gut im Kühlschrank aufbewahrt und sowohl für süße als auch pikante Gerichte verwendet werden, z. B. mit gedünstetem Gemüse oder mit Kompott aus Früchten der Saison.

i INFO:

Ungeachtet der Bodenbeschaffenheit und der klimatischen Bedingungen wächst GERSTE überall. Noch heute ist sie weltweit – nach Weizen, Reis und Mais – die viertwichtigste Getreideart. Allerdings hat sie in Europa ihren Stellenwert fast vollständig eingebüßt und wird hauptsächlich als Viehfutter oder Braugerste verwendet. Gerste verdient durchaus erneute Aufmerksamkeit. Von der Thermik her ist Gerste kühlend und dadurch hervorragend zum Ausleiten von Hitze geeignet. In England wird traditionell „Barley Water" (Gerstenwasser) zur Fiebersenkung eingesetzt. Aus Sicht der Traditionellen Chinesischen Medizin kühlt Gerste die Hitze, sie harmonisiert den Magen, beseitigt Verdauungsblockaden, entgiftet und erhöht die Diurese (Wasserausscheidung).

Polenta mit Pfirsichkompott

2 PORTIONEN

1 Tasse Polenta, 3 Pfirsiche (oder anderes saisonales Obst), 1 EL Gerstenmalz (oder Reismalz, Honig o. Ä.), 1/2 Tasse Apfelsaft, 2 TL Leinöl

1 TL Ingwer (frisch gerieben), 1 Prise Kardamom

2 Tassen Wasser, 1 Prise Salz

1 Zweig Minze, Saft einer Zitrone

1 Sternanis

Wasser aufkochen und mit einem Schneebesen Polenta einrühren. Mit Ingwer und einer Prise Salz würzen und aufkochen lassen.

Sobald die Polenta kocht, auf kleine Flamme zurückdrehen und unter ständigem Umrühren weitere 3 bis 5 Minuten köcheln lassen.

Dann den Topf vom Herd nehmen und die Polenta weitere 5 Minuten ausquellen lassen.

In der Zwischenzeit Pfirsiche waschen und in Spalten schneiden.

Apfelsaft in einem kleinen Topf erhitzen und darin die Pfirsichspalten mit den restlichen Zutaten 3 bis 5 Minuten weich dünsten.

Polenta in einer Schüssel anrichten und mit Pfirsichkompott und ein paar Minzeblättern servieren.

Jede Portion mit 1 TL Leinöl beträufeln.

Gemüsevariation

4 PORTIONEN (als Vorspeise)

1/2 Melanzani,
200 g Champignons,
1 Zucchini, 4 EL Olivenöl

Pfeffer

Salz

1/2 Bd. Petersilie

1/2 Bd. Thymian

Melanzani in Scheiben und Zucchini in ca. 5 cm lange Stifte schneiden.

Champignons ganz lassen, große Stücke halbieren.

In einer Pfanne 2 EL Olivenöl erhitzen und Gemüse darin portionsweise kurz dünsten.

Aus den weiteren 2 EL Olivenöl und den restlichen Zutaten eine Marinade zubereiten und das Gemüse damit marinieren.

! TIPP:
Diese Gemüsevariation schmeckt auch sehr gut als Hauptspeise mit Hirse oder Reis.

Kräuterbrathuhn

3–4 PORTIONEN

4 EL Olivenöl

1 TL Ingwer (frisch gerieben), Pfeffer

1 EL Salz

1 Huhn, Saft einer ungespritzten Zitrone

2 Bd. frische Kräuter (z. B. Basilikum, Rosmarin, Thymian), 4 Wacholderbeeren, 1 EL rosa Pfefferkörner

Den Backofen auf 200 Grad vorheizen. Das Huhn waschen und mit Küchenpapier trockentupfen. Die Kräuter waschen, von den Stielen zupfen und grob hacken. In einer Schüssel eine Fülle aus den Kräutern, Salz, Zitronensaft, Ingwer, Wacholderbeeren, rosa Pfefferkörnern – am besten kurz im Mörser zerquetschen – und frisch gemahlenem Pfeffer zubereiten.

Die Haut vorsichtig vom Huhn lösen und diese Fülle darunter verteilen. Die Kräutermischung soll sich über die ganze Oberfläche – unter der Haut – verteilen. Bei den Keulen die Haut einschneiden und die Kräutermischung hineinreiben. Zum Schluss die ausgepresste Zitronenschale in die Bauchöffnung stopfen.

Ein Backblech oder eine Auflaufform mit Olivenöl bestreichen und das Huhn mit der Brust nach oben darauf legen. Eine gute Stunde – je nach Größe des Huhnes – im Backofen bei 200 Grad braten.

Als Beilage Hirse mit Gemüse (siehe nächstes Rezept) reichen.

!! EXTRA-TIPP:

Kräuter haben durch ihr Aroma eine sehr „bewegende" Wirkung und sind daher besonders gut geeignet, einer Stagnation entgegenzuwirken. Verwenden Sie täglich Kräuter wie Basilikum, Dill, Estragon, Koriander, Petersilie, Rosmarin, Thymian, Ysop – am besten frisch aus dem Garten oder Blumentopf!

Hirse mit Gemüse

2 PORTIONEN

- 1 Tasse Hirse, 500 g Gemüse der Saison (z. B. Karotten, Erbsen, Fisolen), 2 EL Olivenöl
- 1 TL Ingwer (frisch gerieben), Pfeffer, 1 Zwiebel
- 2 Tassen Wasser, Salz
- 1 Bd. Petersilie, Saft von 1/2 Zitrone
- 1 Prise Paprikapulver

In einem Topf das Olivenöl erhitzen und die klein geschnittene Zwiebel darin kurz anbraten. Gemüse in mundgerechte Stücke schneiden und mit der Hirse zu den Zwiebeln geben.

Die Gemüsemischung mit 2 Tassen Wasser aufgießen und zugedeckt aufkochen lassen. Sobald die Mischung aufkocht, auf kleiner Flamme 10 bis 15 Minuten gar kochen. Bei Bedarf etwas Wasser zugeben. Dann die Gemüsemischung mit Pfeffer, Ingwer, Salz, frisch gehackter Petersilie, Zitronensaft und Paprika abschmecken.

i INFO:

Die HIRSE stärkt aus Sicht der Traditionellen Chinesischen Medizin ganz besonders die Organe Milz, Magen und Niere. Hirse nährt Blut und Qi, kräftigt, trocknet Feuchtigkeit und Nässe, transformiert Schleim, wirkt diuretisch (= entwässernd) und entgiftet. Aus westlicher Sicht ist Hirse reich an Kalzium, Phosphor, Eisen, Fluor, Magnesium, Vitamin B1 und B6 und Lecithin. Sie weist auch einen besonders hohen Gehalt an Kieselsäure auf. Kieselsäure ist für Haare und Nägel von Bedeutung.

Krautrouladen mit Buchweizen

4 PORTIONEN

8 Weißkrautblätter (ohne harte Mittelrippe), 20 dag Karotten, 10 dag Sellerie, 2 EL Olivenöl

1 Zwiebel, Pfeffer

3 Tassen Wasser (oder Gemüsebrühe), Salz

1/2 Bd. Petersilie

20 dag Buchweizen (geschrotet)

Zwiebel, Karotten und Sellerie in kleine Würfel schneiden. In einer Pfanne das Olivenöl erhitzen, Zwiebel darin andünsten, Buchweizenschrot dazugeben und mit Wasser (oder Gemüsebrühe) aufgießen. Auf kleiner Flamme zugedeckt 30 Minuten ausquellen lassen. Inzwischen die Krautblätter in einem großen Topf mit heißem Wasser blanchieren. Karotten und Sellerie zur Buchweizenmischung zugeben, weitere 10 Minuten garen und zum Schluss mit Pfeffer, Salz und gehackter Petersilie würzen. Auf jedem Krautblatt 1 bis 2 EL der Buchweizenmischung verteilen, die Seiten einschlagen und zu Rouladen aufrollen. Mit Küchengarn oder Rouladenklammern festbinden.

Die Rouladen in eine Auflaufform geben, mit 2 bis 3 EL Wasser (oder Gemüsebrühe) aufgießen und bei 180 Grad im Backofen auf mittlerer Schiene 20 Minuten garen.

Die Rouladen mit Kümmelkartoffeln (geschälte Kartoffeln in Salzwasser mit 1 bis 2 TL Kümmel kochen) servieren.

Kürbisrisotto

2 PORTIONEN

1 Tasse Risottoreis, 1 kleiner Hokkaido-Kürbis, 2 EL Kürbiskerne, 2 EL Olivenöl, 1/2 bis 3/4 l Gemüsebrühe (oder Hühnersuppe)

1 Zwiebel, Pfeffer

Salz

Saft von 1/2 Zitrone, 1/2 Tasse Weißwein

1 Hand voll Rucola

Kürbis schälen, entkernen und in mundgerechte Stücke schneiden. Zwiebel fein hacken. In einem Topf Olivenöl erhitzen. Reis, Zwiebel und Kürbis darin kurz andünsten. Die Mischung nach und nach mit heißer Gemüsebrühe (oder Hühnersuppe) aufgießen und ständig umrühren.

Nach ca. 10 Minuten den Weißwein und Zitronensaft zugeben und mit Salz und Pfeffer abschmecken. Auf kleine Flamme zurückdrehen und zugedeckt weitere 10 Minuten garen. Bei Bedarf noch etwas Flüssigkeit zugeben.

Rucola waschen und in grobe Stücke schneiden. Auf einem Teller das fertige Risotto mit etwas Rucola vorsichtig vermengen und mit 1 EL Kürbiskerne bestreut servieren.

i INFO:

RUNDKORNREIS ist besonders für Risotto oder Süßspeisen geeignet. Seine Wirkung ist nährend, er stärkt die Milz und harmonisiert den Magen. LANGKORNREIS ist von der thermischen Wirkung her kühlend, er tonisiert Magen, Milz und Bauchspeicheldrüse. Durch seine entfeuchtende und diuretische Wirkung ist Reis ein wichtiges Getreide in der Therapie von Übergewicht.

Blattsalat mit Rosinenessig

2 PORTIONEN

2 EL Rosinen,
1 Prise Vollrohrzucker,
2 EL Rapsöl

1 TL Ingwer (frisch gerieben), Pfeffer

Salz

1/2 l Apfelessig (am besten unpasteurisiert)

1/2 Eisbergsalat,
6–8 Blätter Radicchio

Rosinenessig: Rosinen in eine Flasche geben und mit Essig auffüllen. Diese Mischung 3 bis 4 Wochen an einem schattigen Ort in der Küche stehen lassen. Der Rosinenessig zeichnet sich durch seinen mild-süßen Geschmack aus.

Blattsalate in mundgerechte Stücke zerteilen und mit einer Marinade aus 4 EL Rosinenessig, Rapsöl, Vollrohrzucker, Ingwer, Salz und Pfeffer kurz vor dem Servieren mischen. Die eingelegten Rosinen aus der Essigmischung können ruhig mitverwendet werden!

! TIPP:

Die Wirkrichtung des bitteren Geschmacks ist ausleitend, austrocknend und anregend für die Transformation (Verdauung, Umwandlung), d. h., bittere Salate wie Radicchio und Chicorée unterstützen bei der Gewichtsreduktion und sollten täglich auf Ihrem Speiseplan stehen.

Radicchio

Bohnenpüree

4 PORTIONEN

2 Äpfel, 2 EL Olivenöl

1 TL Ingwer (frisch gerieben), Pfeffer

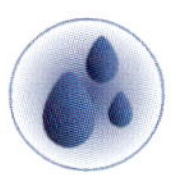

1 Tasse weiße od. schwarze Bohnen (Adukibohnen, Ackerbohnen o. Ä.), Salz

Saft von einer Zitrone

4–5 frische Salbeiblätter

Bohnen über Nacht einweichen und am nächsten Tag weich kochen (siehe Hinweise Seite 46).

Äpfel schälen, Kerngehäuse entfernen und in Spalten schneiden. Gegen Ende der Kochzeit die Apfelspalten kurz mitdünsten. Die abgekühlten Bohnen und Äpfel pürieren, bei Bedarf etwas Flüssigkeit zugeben. Mit Olivenöl, Pfeffer, Ingwer und Salz abschmecken.

Mit frisch gehackten Salbeiblättern servieren.

! TIPP:

Bohnen werden dem Element Wasser zugeordnet und stärken somit die Nierenenergie. Die Wirkrichtung von Bohnen ist nach unten ausleitend und Stagnation lösend. Essen Sie am besten täglich 1 bis 2 Esslöffel Bohnenpüree als Beilage zu Ihren Speisen!

Chicoréesalat mit Erdbeeren

2 PORTIONEN

1 EL Sesamöl, 1 EL Sesam

Pfeffer

Salz

1 Hand voll Erdbeeren, 1 EL Balsamessig

2 Stück Chicorée

Chicorée und Erdbeeren in kleine Stücke schneiden und vermischen.

Aus Balsamessig, Sesamöl, Salz und Pfeffer eine Marinade bereiten.

Salat damit vermischen und mit Sesam bestreut servieren.

Mariniertes Kraut

4 PORTIONEN

500 g Rotkraut, 500 g Weißkraut, 250 g Karotten, 2 EL Honig (oder Birnendicksaft), 3 EL Sonnenblumenöl

1 Zwiebel, 1 TL Ingwer (frisch gerieben), Pfeffer, 1 TL Kümmel

Salz

1/2 Tasse Apfelessig

1 TL Paprikapulver

Rotkraut und Weißkraut waschen, Außenblätter entfernen und beide Köpfe vierteln. Den Strunk großzügig mit dem Messer keilförmig ausschneiden. Die geviertelten Kohlköpfe quer in dünne Scheiben schneiden – sie zerfallen so in Streifen. In einem großen Topf Wasser erhitzen, salzen und darin die Krautstreifen 8 bis 10 Minuten weich kochen. In der Zwischenzeit Karotten in Scheiben schneiden und Zwiebel fein hacken, ebenfalls zum Kochwasser zugeben und weitere 5 Minuten kochen. Die Gemüsemischung in einem Sieb abseihen und in eine große Schüssel geben. Aus den restlichen Zutaten eine Marinade bereiten: In einem kleinen Topf Essig, Honig und geriebenen Ingwer sanft erwärmen, Gewürze und Öl zugeben und kurz ziehen lassen. Diese Marinade zur Krautmischung geben, alles gut vermischen und 5 bis 6 Stunden ziehen lassen.

i INFO:

KRAUT ist ein äußert wertvolles Gemüse. Es fördert die Verdauung und ist blutreinigend. Durch den hohen Gehalt an Vitamin C ist es das perfekte Wintergemüse. Zusätzlich enthalten alle Krautsorten hohe Dosen an Vitamin E und Kalzium.

Rohes Kraut – SAUERKRAUT – enthält wertvolle Enzyme und wirkt so auf die Darmflora. Bei Verstopfung und/oder Völlegefühl essen Sie am besten täglich eine kleine Menge frisches Sauerkraut (aus dem Holzfass, nicht das Pasteurisierte aus dem Plastikbeutel).

Sauerkraut

Kürbis aus dem Backofen

4 PORTIONEN

1 mittelgroßer Kürbis (beliebige Sorte, besonders gut schmeckt der orange-rote Hokkaido-Kürbis), 4 EL Olivenöl

Korianderkörner, Gewürznelken, Lorbeerblatt, Pfeffer

Salz

Saft von 2 Zitronen

Rosmarin, Thymian, Ysop, Wacholderbeeren

Kürbis gut waschen und in zwei Hälften schneiden. Kerne entfernen, dann den Kürbis in grobe Stücke zerkleinern und auf einem Backblech verteilen. Inzwischen eine Marinade aus grob gehackten und im Mörser zerstoßenen Gewürzen – vermischt mit Zitronensaft, Olivenöl, Salz und Pfeffer – zubereiten. Diese Marinade über den Kürbisstücken verteilen und diese 25 bis 35 Minuten bei 175 Grad im Backofen garen.

Der Kürbis wird dadurch herrlich aromatisch, weich und kann sogar mit der Schale als Beilage oder Hauptspeise gegessen werden.

i INFO:
In der Traditionellen Chinesischen Medizin gilt der KÜRBIS als Regulator für den Blutzuckerspiegel (positive Wirkung bei Diabetes), er hilft bei der Ausscheidung von Schleim und Feuchtigkeit und bewegt das Qi – all diese Eigenschaften wirken günstig zur Beseitigung von Übergewicht und Ödemen (Wassereinlagerungen), d. h., der Kürbis eignet sich hervorragend zum Abnehmen.

Gedünsteter schwarzer Rettich

2 PORTIONEN

2 mittelgroße schwarze Rettichknollen, 2 EL Rapsöl, 1 TL Honig

1/2 TL Kümmel, Pfeffer, 1/2 Bd. Majoran

Salz, 1 Tasse Wasser (oder Gemüsebrühe)

Saft von einer halben Zitrone, 1 TL Zitronenschale (gerieben)

1 Prise Paprikapulver

Rettich schälen und in 5 cm lange Stifte schneiden. Öl in einer Pfanne erhitzen und Rettich darin 5 Minuten andünsten. Honig und restliche Zutaten (ohne Majoran) beigeben, mit Wasser (oder Gemüsebrühe) aufgießen und weitere 10 Minuten weich dünsten. Majoran fein hacken und zum Schluss einrühren.

Dazu passt ein Sellerie-Kartoffel-Püree (siehe Rezept auf Seite 128).

i INFO:

Durch seine entgiftende und Stagnation lösende Wirkung sind Gemüse wie RETTICH und RADIESCHEN als Unterstützung beim Abnehmen sehr wichtig. Übergewicht geht häufig mit Hitzesymptomen einher und da hat Rettich zusätzlich eine kühlende und erfrischende Wirkung. Die regelmäßige Verwendung von Rettich ist vorbeugend gegen Erkältungs- und Grippekrankheiten.

Rettichsalat

2 PORTIONEN

1 weißer (oder schwarzer) Rettich, 2 EL Kürbiskernöl, 2 TL Kürbiskerne (geröstet), 1 Prise Vollrohrzucker

1 Frühlingszwiebel

Salz

2 EL Apfelessig

1 Hand voll Vogerlsalat

Rettich waschen, schälen und grob reiben.

Vogerlsalat waschen und auf 2 Teller verteilen.

Den weißen Teil der Frühlingszwiebel fein hacken, den grünen Teil zum Garnieren verwenden.

Aus den restlichen Zutaten eine Marinade zubereiten und den geriebenen Rettich damit vermischen.

Den Rettich auf dem Vogerlsalat anrichten und mit fein ringelig geschnittenen Frühlingszwiebeln garniert servieren.

Sellerie-Kartoffel-Püree

2 PORTIONEN

500 g Kartoffeln, 250 g Knollensellerie, 1 EL Olivenöl

Pfeffer

Salz, 1/4 l Wasser

Saft von 1/2 Zitrone

1 Prise Muskat

Kartoffeln und Sellerie schälen und in grobe Stücke schneiden.

Wasser in einem Topf erhitzen und darin Kartoffeln und Selleriestücke 30 bis 35 Minuten weich dünsten.

Sobald die Stücke zerfallen, mit einer Gabel oder einem Kartoffelstampfer zu einem Püree verarbeiten.

Mit Olivenöl, Pfeffer, Salz, Zitronensaft und Muskat abschmecken.

!! EXTRA-TIPP:
Besonders köstlich schmeckt dieses Püree, wenn Sie statt dem Olivenöl 1 bis 2 EL Trüffelöl verwenden!

SUPPEN

DIE PERFEKTE ABENDMAHLZEIT BEI ÜBERGEWICHT

Bei Übergewicht sollten Sie besonders darauf achten, dass Sie abends eine einfache, bekömmliche Mahlzeit zu sich nehmen. Suppen schmecken eigentlich zu jeder Jahreszeit gut. Sie sind sehr preisgünstig und schnell zubereitet. Hier ein paar Vorschläge zum Ausprobieren:

Gersten-Gemüse-Suppe

4 PORTIONEN

1 Tasse Gerste, einige getrocknete Steinpilze, 2 EL Sonnenblumenöl, 2 Karotten, 4 Stück Stangensellerie, 3–4 Chinakohlblätter

1 Zwiebel, 1 Lorbeerblatt, Pfeffer

Salz, 4–5 Tassen Wasser

1/2 Bd. Petersilie

2 Wacholderbeeren, 1 Prise Curcuma (Gelbwurzel)

Gerste und Pilze über Nacht einweichen. Zwiebel fein hacken und in Sonnenblumenöl kurz andünsten. Die Zwiebelmischung mit Curcuma, Lorbeerblatt und Wacholderbeeren würzen und mit Wasser aufgießen. Gerste und Pilze zugeben und ca. 30 Minuten weich kochen.

Inzwischen Karotten und Stangensellerie in dünne Scheiben schneiden, Chinakohlblätter der Länge nach durchschneiden und in feine Streifen schneiden. Zuerst Sellerie und Karotten in die Suppe geben und weitere 15 Minuten kochen. Zum Schluss den Chinakohl hinzugeben und mit Salz und Pfeffer abschmecken. Petersilie fein hacken und die Suppe damit verfeinern.

Karottensuppe mit Kren

4 PORTIONEN

700 g Karotten, 300 g Kartoffeln, Walnussöl zum Beträufeln

Pfeffer, 2 TL Kren (gerieben), Kresse zum Garnieren

1 l Wasser, Salz

Saft von 1/2 Zitrone

1 Prise Curcuma (Gelbwurzel)

Karotten und Kartoffeln waschen, schälen und in grobe Stücke schneiden.

In einem großen Topf das Wasser erhitzen und die Gemüsestücke darin 20 bis 25 Minuten weich kochen.

Die Suppe dann pürieren und mit den restlichen Zutaten (ohne Walnussöl) abschmecken.

Suppe anrichten und mit einigen Tropfen Walnussöl und frischer Kresse garniert servieren.

Kartoffelsuppe mit Radieschengrün

4 PORTIONEN

500 g Kartoffeln

1 Bd. Radieschen (inkl. Blätter), 1 Prise Muskat, Pfeffer

5–6 Tassen Wasser (oder Gemüsebrühe), Salz

Saft von einer Zitrone

1 Prise Curcuma (Gelbwurzel)

Kartoffeln schälen, grob zerkleinern und in Wasser (oder Gemüsebrühe) 15 bis 20 Minuten weich kochen.

Radieschenblätter waschen und in Streifen schneiden, in die Suppe geben und kurz mitkochen.

Die Suppe pürieren und mit Muskat, Pfeffer, Salz, Zitronensaft und Curcuma abschmecken.

Radieschen in dünne Scheiben schneiden, in die Teller legen und mit Suppe anrichten.

Birnenkuchen mit Hirse

6–8 PORTIONEN

2 Eier, 3 EL Gersten- oder Reismalz, 2 EL Butter (zum Ausstreichen), 500 g gekochte Hirse, 1 Tasse Hirsemehl, 1/2 TL Zimt (gemahlen), 2 TL Weinstein-Backpulver, 4 reife Birnen, Walnüsse

1 TL Ingwer (frisch gerieben)

1 Prise Salz

Saft und Schale einer Zitrone

1 Prise Kakao

Backofen auf 180 Grad vorheizen.

Eier mit dem Schneebesen schaumig schlagen und mit den restlichen Zutaten – ausgenommen Birnen und Walnüsse – zu einem Teig verrühren.

Eine Auflaufform mit Butter ausstreichen, den Boden mit dem Teig bedecken, Birnen waschen, entkernen, in Spalten schneiden und auf dem Teig verteilen.

Mit gehackten Nüssen bestreuen und etwa 35 Minuten bei 180 Grad backen.

Gefüllte Marillen

2 PORTIONEN

1/2 kg Marillen,
100 g gehackte Walnüsse,
2 EL Honig

1/2 TL Ingwer (frisch gerieben)

1 Prise Salz

Saft einer Zitrone

20 g Bitterschokolade
(klein gehackt od. gerieben)

Backofen auf 180 Grad erhitzen.

Die Marillen waschen, halbieren und den Kern entfernen.

Aus den restlichen Zutaten eine Fülle zubereiten. Die Marillenhälften damit füllen, in eine Auflaufform schlichten und im Backofen bei 175 Grad etwa 15 bis 20 Minuten backen.

Warm servieren!

! TIPP:
Ein kleiner Klecks frisches Schlagobers dazu – dann schmeckt es noch besser!

ALPHABETISCHE LEBENSMITTELLISTE

Element Erde
Element Holz
Element Metall
Element Feuer
Element Wasser
f: frisch
g: getrocknet

Lebensmittel	Element	Thermische Wirkung
Adukibohne	Wasser	neutral
Alfalfa-Sprosse	Holz	erfrischend
Alkohol, hochprozentig	Metall	heiß
Apfel, sauer	Holz	erfrischend
Apfel, süß	Erde	erfrischend
Apfelsaft	Erde	erfrischend
Artischocke	Feuer	erfrischend
Basilikum f	Feuer	warm
Basilikum g	Metall	warm
Beifuß g	Metall	warm
Birne	Erde	erfrischend
Birnensaft	Erde	erfrischend
Bitterlikör	Feuer	heiß
Bockshornkleesamenpulver	Feuer	warm
Bohnenkraut f	Feuer	warm
Bohnenkraut g	Metall	warm
Brennnessel	Feuer	neutral
Broccoli	Erde	erfrischend
Brombeere	Holz	neutral
Butter	Erde	neutral
Buttermilch	Holz	erfrischend
Cayennepfeffer	Metall	heiß

Lebensmittel	Element	Thermische Wirkung
Champignon	Erde	erfrischend
Chicorée	Feuer	erfrischend
Chilipulver	Metall	heiß
Chinakohl	Erde	erfrischend
Cognac	Feuer	heiß
Curcuma (Gelbwurzel)	Feuer	warm
Curry	Metall	heiß
Dattel g	Erde	neutral
Dill f/g	Metall	warm
Dinkel	Holz	neutral
Dörrpflaume	Erde	neutral
Ei	Erde	neutral
Eisbergsalat	Feuer	neutral
Endiviensalat	Feuer	neutral
Ente	Holz	erfrischend
Erbse f	Erde	neutral
Erbse g	Wasser	neutral
Erdbeere	Holz	erfrischend
Essig	Holz	warm
Estragon f	Erde	erfrischend
Estragon g	Metall	warm
Fasan	Metall	warm

Lebensmittel	Element	Thermische Wirkung
Feige f/g		neutral
Fenchel		warm
Fencheltee		warm
Fisch, geräuchert		warm
Fisolen		neutral
Flaschenkürbis		neutral
Fleisch, alle Sorten – gegrillt		heiß
Fleisch, gepökelt		warm
Fleisch, geräuchert		warm
Forelle		neutral
Frischkäse (Cottage cheese)		erfrischend
Frühlingszwiebel		warm
Gans		neutral
Germ		neutral
Gerste		erfrischend
Getreidekaffee		warm
Glühwein		heiß
Grünkern		warm
Hafer		warm
Hagebuttentee		neutral
Hammel		heiß
Haselnuss		neutral
Heidelbeere		erfrischend
Himbeere		neutral
Hirsch		heiß

Lebensmittel	Element	Thermische Wirkung
Hirse		erfrischend
Hokkaidokürbis		warm
Honig		neutral
Huhn		warm
Hülsenfrüchte-Sprosse		erfrischend
Ingwer f		warm
Ingwer g		heiß
Joghurt		kalt
Johannisbeere		erfrischend
Kaffee		warm
Kakao		warm
Kalb		neutral
Kaninchen, wild		neutral
Kaninchen, Zucht		erfrischend
Kapuzinerkresse		erfrischend
Kardamom		warm
Karfiol		erfrischend
Karotte		neutral
Karpfen		neutral
Kartoffel		neutral
Käse		neutral
Kastanie (Maroni)		warm
Kirsche, sauer		erfrischend
Kirsche, süß		warm
Kirschsaft		warm

Lebensmittel	Element	Thermische Wirkung
Knoblauch		heiß
Kohl (Wirsing)		neutral
Kohlrabi		neutral
Kohlsprosse		warm
Kopfsalat		erfrischend
Koriander f		warm
Koriandersamen		warm
Kren		warm
Kresse		erfrischend
Kuhmilch		neutral
Kümmel		warm
Kürbis		neutral
Kürbiskern		neutral
Kürbiskernöl		warm
Lamm		heiß
Leinöl		erfrischend
Liebstöckel f/g		warm
Linse		neutral
Lorbeer		warm
Löwenzahn		erfrischend
Maiskolben		neutral
Majoran f/g		warm
Malventee		erfrischend
Malz (alle Sorten)		neutral
Mandel		neutral

Lebensmittel	Element	Thermische Wirkung
Mangold		erfrischend
Marille f/g		warm
Marzipan		warm
Meersalz		kalt
Melanzani		erfrischend
Melasse		neutral
Melissentee		erfrischend
Mineralwasser		kalt
Mohn		warm
Muskat		warm
Nelke		warm
Olive		neutral
Olivenöl		erfrischend
Orange		erfrischend
Orangenblütentee		erfrischend
Oregano f		warm
Oregano g		warm
Papaya		kalt
Paprika		erfrischend
Paprikapulver		warm
Parmesankäse		warm
Pastinake		erfrischend
Petersilie		warm
Pfeffer		heiß
Pfefferminztee		erfrischend

Lebensmittel	Element	Thermische Wirkung
Pfirsich		warm
Piment		heiß
Pinienkern		warm
Pistazie		neutral
Polenta		neutral
Porree (Lauch)		warm
Preiselbeere		erfrischend
Prosecco		erfrischend
Pute		neutral
Quargel		warm
Quinoa		neutral
Radicchio		erfrischend
Radieschen		erfrischend
Radieschensprosse		erfrischend
Rapsöl		warm
Rebhuhn		warm
Reh		warm
Reis		neutral
Rettich, schwarz		neutral
Rettich, weiß		erfrischend
Rhabarber		kalt
Rind		neutral
Roggen		neutral
Rosine		warm
Rosmarin f		warm
Rosmarin g		warm
Rote Rübe		neutral
Rotkraut		neutral
Rotwein		warm
Rübe		neutral
Rucola		erfrischend
Salatgurke		kalt
Salbei f		erfrischend
Salbei g		erfrischend
Salz		kalt
Saubohne		neutral
Sauerampfer		kalt
Sauerkraut		erfrischend
Sauermilch		erfrischend
Sauerrahm		erfrischend
Schaf		heiß
Schafgarbentee		kalt
Schafskäse		warm
Schimmelkäse		heiß
Schinken, roh/gekocht		warm
Schlagobers		erfrischend
Schnittlauch f/g		warm
Schwarzer Tee		neutral
Schwarzwurzel		erfrischend
Schwein		neutral

Lebensmittel	Element	Thermische Wirkung
Sellerie	Erde	erfrischend
Senfsame	Metall	warm
Sesam	Erde	neutral
Sesamöl	Erde	erfrischend
Sonnenblumenkern	Erde	neutral
Sonnenblumenöl	Erde	erfrischend
Spargel	Erde	erfrischend
Spinat	Erde	erfrischend
Sprosse	Holz	erfrischend
Stachelbeere	Holz	erfrischend
Stangensellerie	Erde	erfrischend
Sternanis	Metall	warm
Thymian f	Feuer	warm
Thymian g	Metall	warm
Tomate	Holz	kalt
Topfen	Holz	erfrischend
Traubensaft, rot/weiß	Erde	neutral
Vanille	Erde	neutral
Vogerlsalat	Feuer	neutral
Wacholderbeere	Feuer	warm
Wachtel	Metall	neutral
Waldpilz	Erde	neutral
Walnuss	Erde	warm
Wasser, heiß	Feuer	erfrischend
Wasser, kalt	Wasser	kalt
Weintraube, rot/weiß	Erde	erfrischend
Weißkraut	Erde	neutral
Weißwein	Holz	erfrischend
Weizen	Holz	erfrischend
Weizen, gekeimt	Holz	kalt
Weizenkeimöl	Erde	erfrischend
Weizenkleie	Holz	kalt
Wildhase	Metall	warm
Wildschwein	Metall	warm
Ysop	Feuer	warm
Ziege	Feuer	heiß
Ziegenkäse	Feuer	warm
Ziegenmilch	Feuer	warm
Zimtrinde	Erde	heiß
Zitrone	Holz	kalt
Zucchini	Erde	erfrischend
Zucker, braun	Erde	neutral
Zucker, weiß	Erde	kalt
Zwetschke	Holz	warm
Zwetschke g	Erde	neutral
Zwiebel, gebraten	Erde	warm
Zwiebel, roh	Metall	warm

Element Erde — Element Holz
Element Metall — Element Feuer
Element Wasser — f: frisch — g: getrocknet

LEXIKON ÖSTERREICHISCH – DEUTSCH

Eiklar
Eiweiß

Fisole
grüne Gartenbohne

Germ
Hefe

Häuptel
Kopf einer Gemüsepflanze, z. B. von Salat, Rotkraut

Karfiol
Blumenkohl

Kohlsprosse
Röschen des Rosenkohls

Kren
Meerrettich

Marille
Aprikose

Maroni
Marone

Melanzani
Aubergine, Eierfrucht

Quargel
kleiner, runder Käse

Ribisel
Johannisbeere

Rotkraut
Rotkohl

Schlagobers
Schlagsahne

Stamperl
kleines, massives [Schnaps]Glas ohne Stiel

Topfen
Quark

Vogerlsalat
Feldsalat

Weißkraut
Weißkohl

Zwetschke
Zwetsche

NÜTZLICHE ADRESSEN

Die **Autorin** bietet individuelle Ernährungsberatungen, Seminare, Vorträge und Kochkurse an und steht für sämtliche Anfragen unter folgender Adresse zur Verfügung:

essen:z ernährung+beratung

DR. CLAUDIA NICHTERL
Högelmüllergasse 2a/14
A-1050 Wien
Tel.: (+43) 0676/400 18 04
Fax: (+43) 01/952 61 58
E-Mail: beratung@essenz.at
Internet: www.essenz.at

g5e Gesellschaft für Ernährung nach den Fünf Elementen

Im Jahr 2002 wurde eine Plattform für Ernährungsberaterinnen und Ernährungsberater nach der Traditionellen Chinesischen Medizin geschaffen – die „Gesellschaft für Ernährung nach den Fünf Elementen". Infos unter www.tcm-ernaehrung.at oder bei der Autorin.

Bezugsquellen Bio-Lebensmittel in Österreich, Deutschland und der Schweiz

Österreich:

www.biolebensmittel.at – Infos zum Bio-Shopping in Österreich, Weitere Adressen auch bei der Bio-Information, Tel: 0810/221314, info@bioclub.at

www.adamah.at – Biohof Adamah (Arbeitsgemeinschaft Familie Zoubek): Hauszustellung des Adamah Biokistls in Wien und Umgebung

www.biowichtl.at – Biowichtl – Huber & Co KEG, Biowichtl Hauszustellung in Wien, Linz und Umgebung

www.biomarkt.co.at – Biomarkt Maran in 1030 Wien, 1070 Wien, 1160 Wien und 2380 Perchtoldsdorf

www.basic-ag.de – Bio für alle: Der Bio-Supermarkt in 1120 Wien

www.biobox.at – Die Bio-Box per Hauszustellung im Raum Salzburg

www.sonnentor.at – Der Gewürz- und Teelieferant aus dem Waldviertel

Deutschland:

www.bioverzeichnis.de – Das Online-Verzeichnis für Bio- und Ökoinformationen

www.naturkost.de – Verzeichnis aller Naturkostläden in Deutschland

www.naturundgut.de – Online-Shop für Bio-Spezialitäten, Hauszustellung bzw. Versandservice (bis 13.00 bestellen, Lieferung am nächsten Tag, Samstagszustellung ohne Mehrkosten)

www.basic-ag.de – Bio für alle: Der Bio-Supermarkt mit dem Voll-Sortiment. Die basic AG betreibt derzeit (Stand 2007) 20 Märkte in 14 deutschen Städten und einen Markt in Österreich

www.fuellhorn-naturmarkt.de – 6 Bio-Supermärkte in zentraler, innerstädtischer Lage in Speyer, Heidelberg, Pforzheim, Karlsruhe, Weingarten und Bruchsal. Online Bestellung möglich

Schweiz:

www.bio-suisse.ch – Hintergrundinfos zum Bio-Landbau in der Schweiz inkl. Adressen von Direktvermarktern

www.bioeinkauf.ch – Bio zum Genießen, direkt ab Hof

www.yardo.ch – Der Bio-Supermarkt in St. Gallen

LITERATURVERZEICHNIS

DOMINÉ, André (1998):
Culinaria – Naturkost.
Könemann Verlag.

KASTNER, Jörg (2003):
Propädeutik der Chinesischen Diätetik.
Hippokrates Verlag.

OLIVER, Jamie (2003):
Kochen mit Jamie Oliver. Von Anfang an genial.
Verlag Dorling Kindersley.

PITCHFORD, Paul (2001):
Healing with Whole Foods.
Oriental Traditions and Modern Nutrition.
North Atlantic Books, Berkeley, California.

SCHNEIDER, Karola (2002):
Kraftsuppen nach der Chinesischen Heilkunde.
JOY Verlag.

SEIFERT, Christiane, und Gabriele KLINGER (2001):
Unveröffentlichte Ausbildungsunterlagen zur
Ernährungsberaterin nach den Fünf Elementen.

TEMELIE, Barbara, und Beatrice TREBUTH (2000):
Das Fünf Elemente Kochbuch.
JOY Verlag.

UNSCHULD, Paul (2003):
Was ist Medizin?
Westliche und östliche Wege der Heilkunst.
C. H. Beck.

WETTER, Ursula (2000):
5 Elemente Küche.
AT Verlag.

YONGKANG, Li (2000):
Die Traditionelle Chinesische Gesundheitsküche.
midena Verlag.

ZIZENBACHER, Petra Orina (2003):
Gewürze – Apotheke über dem Herd.
freya Verlag.

avBUCH

WISSEN, DAS ERTRAG BRINGT

www.avbuch.at

Claudia Nichterl

Power Frühstück

Energie für den ganzen Tag

Dieses Buch liefert Ihnen Frühstücksideen abseits vom bekannten Marmelade- oder Käsebrot. Die Hintergrundinformationen und Rezepte sollen Sie ermuntern, etwas Neues auszuprobieren und das für Sie ideale Frühstück zu finden.

Wie einfach und schnell ein gesundes Frühstück zubereitet ist und welche Vorteile das für Sie und Ihre Kinder hat, zeigen Ihnen zahlreiche Rezeptideen.

144 Seiten, durchgehend vierfärbig,
rund 60 farbige Abbildungen, ISBN: 978-3-7040-2081-8

Erhältlich auch im Buchhandel

Österreichischer Agrarverlag: Sturzgasse 1A, A-1141 Wien, Tel.: 0043(0)1/982 33 44, Fax: 0043(0)1/982 33 44-459, E-Mail: buch@avbuch.at